拖拉！磨蹭！性子慢！
孩子不会管理时间，妈妈怎么办？

周舒予◎著

北京理工大学出版社
BEIJING INSTITUTE OF TECHNOLOGY PRESS

版权专有　侵权必究

图书在版编目（CIP）数据

拖拉！磨蹭！性子慢！孩子不会管理时间，妈妈怎么办？/周舒予著. —北京：北京理工大学出版社，2019.7 (2019.10重印)

ISBN 978 - 7 - 5682 - 7094 - 6

Ⅰ.①拖…　Ⅱ.①周…　Ⅲ.①时间 - 管理 - 家庭教育　Ⅳ.①G78

中国版本图书馆CIP数据核字（2019）第099557号

出版发行 / 北京理工大学出版社有限责任公司
社　　址 / 北京市海淀区中关村南大街5号
邮　　编 / 100081
电　　话 /（010）68914775（总编室）
　　　　　（010）82562903（教材售后服务热线）
　　　　　（010）68948351（其他图书服务热线）
网　　址 / http://www.bitpress.com.cn
经　　销 / 全国各地新华书店
印　　刷 / 三河市华骏印务包装有限公司
开　　本 / 710毫米×1000毫米　1 / 16
印　　张 / 11　　　　　　　　　　　　　　　责任编辑 / 闫风华
字　　数 / 116千字　　　　　　　　　　　　　文案编辑 / 闫风华
版　　次 / 2019年7月第1版　2019年10第2次印刷　责任校对 / 周瑞红
定　　价 / 36.00元　　　　　　　　　　　　　责任印制 / 施胜娟

图书出现印装质量问题，请拨打售后服务热线，本社负责调换

前言

时间,看不见,摸不着,但却如影随形地跟随着每个人的生活。

有的人是时间的掌控者,时间是他提升自我最基本也最重要的工具,他能合理分配与利用时间,让生活过得更充实;而有的人却浪费掉了太多自己可支配的时间,因此时间便也在他的身上不再耗费"精力",这样的人,一生只能碌碌无为。

决定一个人能否成为时间掌控者的根源在每个人自己身上,那就是看一个人是不是具备了良好的时间观念。

简而言之,时间观念就是人们对于自然时间和物理时间的观察与感知。比如,一个人具有守时的品质,约定好的时间不会错过,不迟到。如果能一直做到这一点,就意味着这个人拥有良好的时间观念。

但时间观念并不是人生来就有的,尤其是年幼的孩子,他们对时间往往没有特别的概念。所以,时间观念是要靠培养、靠训练才能逐渐形成的。就如其他很多优秀的习惯一样,越早地对孩子开展时间观念的培养,越早让他对时间产生概念,并逐步学会管理时间,对于他的成长越有益处。

我们可能经常看到周围一些成年人非常缺乏时间观念,甚至我们自己就是一个对时间不敏感的人。拖拉、不守时等问题在很多人身上都有,而且根深蒂固。这样的问题很可能就是由于没从孩童时期对时间观念产生足

孩子不会管理时间，妈妈怎么办？

够的重视导致的，从小养成了无视时间的坏习惯，待到成年后，想要更改更是难上加难了。而缺乏时间观念，不仅影响个人生活，在工作中也会产生巨大阻碍，不管是迟到还是拖延，都会给我们的事业带来沉重打击。更严重的是，不守时也会让他人对我们的印象大打折扣，这无疑又影响到了我们的人际关系。可见，良好的时间观念实际上关系到每个人的方方面面。

如此重要的内容，作为妈妈的我们，或者说作为一个致力于让自己成长为一个合格的妈妈的我们，难道不应该重视起来吗？

可是事实却总是不能令人满意，相信很多妈妈都说过类似这样的话："你看看都几点了？""这都什么时候了你还不……""快点、快点、快点！""你简直磨蹭死了，蜗牛都比你快！"……妈妈们之所以如此抓狂，就是因为很多孩子是真的对时间一点儿都不敏感，该快的时候反而慢吞吞，应该紧张的时候却毫不在意，约好的时间没有一次守时的，只有自己感兴趣的事情才会跑得比谁都快。这些表现，都已经明确地提醒我们，孩子的时间观念已经开始出现了偏差，我们需要赶紧行动起来了。

实际上，孩子到五六岁时，就已经具备了一定的自我表达能力和理解能力，这时我们就可以对他展开时间观念的培养了。如果您家孩子过了五六岁，也不要太过着急，从当下开始，越早纠正孩子错误的时间观念，对他的人生越有利，也会让我们未来的教育更快步入正轨。

本书会给各位因为孩子没有时间观念而感到无奈的妈妈一些相对有效的建议，会帮助大家分析孩子不够遵守时间"规矩"的原因，透过这些原因，可以更进一步了解孩子对时间的感觉。更重要的是，了解了原因就可

前　言

以做到有的放矢，根据不同的原因，采取相应的引导方法，让孩子逐渐对时间产生正确的理解，并慢慢学会合理安排和利用时间。在这个过程中，要根据书中提到的内容，来好好检验一下自己的表现，和孩子一起努力，给他做一个良好的榜样。

希望本书所提到的各种教育建议与方法，让每一位为孩子缺乏时间观念而苦恼的妈妈都能有所收获，从而培养出具有强大时间观念的孩子。祝福你和你的孩子！

目 录

第一章　孩子没有时间观念，妈妈怎么办？
——探究不守时的原因

> 时间观念虽然并非与生俱来，但也并不是难以拥有，只要想有，只要肯努力付出，你就会拥有强大的时间观念。有的孩子缺乏时间观念，甚至对时间完全没有概念。那么，到底是什么原因导致孩子在时间认知方面有如此的表现呢？这的确需要我们好好地探究一番。

时间什么样？在哪里？我不认识啊！——孩子对时间没有概念…………………… 2

"要事第一"，这是什么意思呀？——孩子不会合理分配自己的时间………… 6

什么？利用时间还有技巧和方法？——孩子的时间效率太差………………… 8

真苦恼，我真是拖拖拉拉的吗？——孩子已经养成了拖拉、磨蹭的坏习惯…… 11

我的注意力真是很难集中啊！——在学习方面很难专注，浪费大量时间…… 14

写作业真是一件很麻烦的事！——不会高效利用时间写作业………………… 16

我的生活简直一团糟——孩子没有学会如何规划和打理自己的生活………… 19

第二章　时间在哪里？时间是什么？
——跟孩子一起认识时间

> 若要让孩子学会利用时间，必须先要让他认识时间。时间具有很多特性，我们只有一一向孩子解释明白，才能让这个抽象的名词在孩子的头脑中扎根，并利用时间在生活中所起的作用，来让孩子逐渐意识到时间与生活之间的紧密联系。

妈妈，钟表应该怎么看？——从实际工具入手……………………………… 24

到时间可以出去玩了——把时间与孩子的生活联系在一起……………………… 27

时间怎么就过去了呢？——让孩子体会时间的一去不返 ………… 30
我不知道能做什么——帮孩子去"填充"时间 ………… 33
妈妈，我听不懂你说的时间——不要把成年人的时间观念强加给孩子 ………… 36

第三章　在对的时间做对的事情
——教孩子学会分配时间

> 时间也是讲求"按需分配"的，在什么时间做什么事，合理地分配时间，我们需要教给孩子一些有效的技巧。当孩子能够合理分配自己的时间时，时间才能为他所掌控，这样对时间的利用才是有意义、有价值的。

原来所有的事情都由时间控制——让孩子意识到时间的重要性 ………… 40
看看之前都做了什么——教孩子记录自己的"时间开销" ………… 43
啊，任务时间到了，我要行动起来了——给孩子布置时间任务 ………… 46
到……为止，才算完——让孩子熟悉遵守时间给他带来的感觉 ………… 49
现在做不到，以后就可以了——"成长"是时间赐予每个人的礼物 ………… 52

第四章　利用时间的技巧和方法
——如何提高孩子的做事效率？

> 时间看不见摸不到，却又会给人们带来许多烦恼。如果不能好好利用时间，就会反过来受到时间的限制，成为时间的奴隶。孩子的人生刚刚起步，在最开始的时候，教他学会有技巧、有方法地利用时间，提高做事效率，这对于他日后的人生发展将会大有裨益。

我今天要做这些事——制定每天要完成的事件清单 ………… 56
这些事情也是有先后顺序的——按照事情的轻重缓急来安排时间 ………… 60
时间管理的小窍门——永远做最重要而不紧急的事情 ………… 64
大概需要多久？——教孩子学会预估时间，控制时间节奏 ………… 68

时间就像海绵里的水——巧妙利用剩余时间、零碎时间……………… 72

第五章　让孩子跟拖拖拉拉说再见
——根治孩子磨蹭的方法

> 说到孩子对时间的运用，有一个问题是我们必须面对的，那就是孩子的拖拉问题。拖拖拉拉几乎成了孩子们的通病。引导孩子能够更好地利用时间，让他远离拖拉，与拖拉彻底断绝关系，是我们必须重视和做好的一件事。

妈妈，我好像真是挺慢的——观察与分析孩子的拖拉情况………………… 76
时间表是什么？——帮孩子进行合理的时间安排…………………………… 79
原来我可以做到这么多事啊——教孩子学会高效利用时间………………… 82
做完一件事，再做下一件——有计划地利用好时间………………………… 86
妈妈，我必须一直坐着吗？——劳逸结合，并不会耽误时间……………… 89
时间到底是谁的？——如何有效提升孩子的自律性………………………… 92

第六章　孩子注意力不集中，怎么办？
——如何让孩子学习更专注？

> 能否集中注意力，是孩子能否高效利用学习时间的一个关键因素。对于孩子来说，学习是非常重要的事情，那么集中注意力就是搞好学习的一个基本前提。对于注意力不能集中的孩子，我们需要寻求更有效的方法来让他的学习回归专注。

孩子注意力不集中的时间因素——孩子不能很好地利用时间………………… 96
导致孩子注意力不集中的原因到底是什么？——七大原因不容忽视………… 98
这是谁的责任？——谁应该为孩子注意力不集中负主要责任？……………… 104
怎样做，才能提升孩子的注意力？——那些来自妈妈的改变………………… 108
在"玩儿"中培养注意力——培养孩子专注力的训练与小游戏……………… 113

第七章 孩子写作业慢、不愿写的时间因素
——教孩子高效写作业

> 很多孩子不会高效地利用时间，在作业上的表现就是写作业慢，能拖拉就拖拉，而且不愿意写作业，无论作业难度是复杂的还是简单的，他都不愿意动笔，甚至我们三催四请，他依旧不写。作为妈妈，要善于寻找其中的原因，并教孩子学会如何高效地写作业。

总也写不完，我不想写！——弄清楚孩子写作业慢、不爱写的原因……………120

这么多！我过会儿再继续——如何避免孩子"磨洋工"？………………………123

工欲善其事，必先利其器！——"先复习再写"确实是个好窍门………………127

无规矩，不方圆——在促进孩子写作业守时这件事上立几点规矩………………130

妈妈，请别催我——越催越慢，不做频繁催促孩子的妈妈………………………134

再玩5分钟就去写——别让孩子养成"讨价还价"的坏习惯 ……………………137

第八章 孩子的生活也需要好好规划
——教孩子打理好"生活时间"

> 对时间的运用，并不只是在学习上需要多加注意，生活中的方方面面都离不开时间。养成良好的时间管理习惯，教孩子学会好好规划自己的生活，这也是培养时间观念的重要内容，孩子应该成长为一个能随时随地地利用好时间的"时间小达人"。

生活就是"日复一日"——教孩子学会建立规律的生活节奏……………………144

家里的生活真的很有规律啊——为孩子营造一个规律的家庭生活氛围…………148

孩子的时间是属于他的——不要擅自干涉和安排孩子的时间……………………151

我浪费了时间该怎么办？——承担自然后果重于人为说教………………………155

做，还是不做呢？——果断与主见是利用时间的重要条件………………………159

来自妈妈的"正向激励"——让孩子积极行动起来，争取时间…………………163

第一章
孩子没有时间观念，妈妈怎么办？
——探究不守时的原因

时间观念虽然并非与生俱来，但也并不是难以拥有，只要想有，只要肯努力付出，你就会拥有强大的时间观念。有的孩子缺乏时间观念，甚至对时间完全没有概念。那么，到底是什么原因导致孩子在时间认知方面有如此的表现呢？这的确需要我们好好地探究一番。

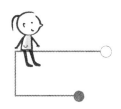

时间什么样？在哪里？我不认识啊！
——孩子对时间没有概念

对于幼小的孩子来说，"时间"是很难理解的一个概念，孩子们此时只看得到眼前，意识到自己吃得好、玩得好、感到开心快乐，这就足够了，其他的一概都不在他们考虑的范围之内。

而且，在这样一个特殊的时间段里，不是所有的妈妈都能意识到时间观念对孩子的影响的。我们忙碌于孩子的吃喝拉撒，忙碌于让他接受更好的教育，希望他可以健康快乐。对于我们自己来说，日子都是在不知不觉中过去的，哪里还顾得上去考虑孩子对时间的感觉。

对于孩子时间观念的培养也就这样被忽视了。等到孩子渐渐长大，突然某一天我们忽然意识到时间观念对于他的重要性，可那时候，孩子已经形成忽视时间的习惯，再想改变已是很难。

缺乏时间观念的孩子，都有哪些表现呢？

首先，做事重喜好，而不考虑时间。

缺乏时间观念的孩子所做的一切事情，大都以自己的喜好为中心或基础，跟时间无关。

举例来说，孩子在外面玩得很开心，到了回家的时间就是不想回家，一定要彻底玩够才行；同样，孩子在家里玩得高兴了，到了吃饭或睡觉的时间，就不想吃饭或睡觉，这个时候打断他，他肯定会发脾气。这样的孩子对妈妈所说的"到时间了""马上要做……"之类的话，并没有什么感觉，他只会认为这是妈妈在阻拦他去享受快乐。

不仅如此，这样的孩子会只专注于眼前吸引他的事情，忽略自己身体其他方面的感受。这个时候他可能已经很饿、很困、很累了，但是玩带给他的快乐感觉，会让他暂时不去感受这些，直到把自己"折腾"得彻底没法再支撑下去了，但即便如此，有的孩子可能仍然没有意识到这些身体方面的需求。

其次，生活没有任何规律可言。

缺乏时间观念的孩子什么时候饿了什么时候吃，感觉困了倒头就睡，想要玩了哪怕半夜都不安生，自己想要做某件事必须立刻去做……因为没有时间的概念，所以孩子不会察觉到他即将要做的事情是否符合当时的情况，他们要做的一切以自己的感受为先，以自己的需求为先。

我们会发现这样的孩子不管是吃饭、睡觉、玩耍、休息，还是其他的各种活动，都可能会发生在一天中的任何一个时刻里，毫无规律可言。而他的这种杂乱的生活状态,不仅打乱了他自己的成长发展,同时也会扰乱了我们大人正常的生活步调。

最后,讨厌时间。

尽管对时间没概念,但是孩子却很讨厌它。下面这个孩子的表现就能说明问题:

> 幼儿园放学后,孩子和小伙伴们在外面玩,眼看要到晚饭时间了,妈妈提醒孩子"再玩5分钟就回家",孩子仿佛没听见。等过了5分钟,妈妈去喊孩子,孩子非常不情愿,当下就哭了起来,并嚷道:"我想和小朋友玩,我讨厌5分钟。"妈妈哄劝说:"那等下次我们再多玩10分钟好了。"孩子却不依不饶地说:"我也讨厌10分钟,我就想和小朋友在外面玩。"

其实很多妈妈之前并没有向孩子强调过时间的概念,也没有对他进行过时间观念的教育,却很突然地就通知孩子"要遵守时间",正在兴头上的孩子,当然会对这个阻拦他的叫作"时间"的"家伙"感到厌烦。就如这个事例中的孩子一样,他显然更在乎自己的快乐,所以不管妈妈说再玩多久,他内心只会认为"时间阻碍了我的玩耍",而并不能理解到底几分钟更久一些。

由此可见,不认识时间的孩子,生活真的是一团乱。孩子自己也并不是很满意,因为我们总是会在某些时刻出现并且阻拦他,而我们也过得并不安定,因为这个毫无时间观念的孩子简直就是让我们精神错乱的源头。

孩子真的不能懂"时间"这个抽象的概念吗?事实并不是如此。我们也能发现,还是有很多孩子会在时间问题上表现得很成熟。比如,有的孩子会认同妈妈说的"再玩5分钟",时间一到,妈妈一叫,孩子就会乖乖跟妈妈离开;有的孩子会听从妈妈对吃饭、睡觉、休息、玩耍的安排,到什么时间就做什么事,并不会让妈妈频繁地催促他;还有的孩子可以自己简单操控时间,说看两集动画片,演完两集,他自己就会关掉视频;等等。这样的孩子想必都曾经经历过简单的时间方面的教育。

可见,孩子对时间的概念,是来自我们这些成年人的指导的,也就是说我们需要重新整理自己对"孩子的时间观念"这个教育培养内容的重视程度。当我们意识到时间观念对孩子的重要性并有意识地开展教育之后,孩子的时间观念也就自然而然地被培养起来了。

"要事第一",这是什么意思呀?
——孩子不会合理分配自己的时间

做事的时候,大多数人都能认准一个原则——要事第一,这是办理各种杂乱无章的事项时的正确选择,也是我们在处理各种事务时需要遵循的黄金定律。

可在很多孩子身上,这条定律却没有用。孩子们更多的行为表现只是一时兴起,也就是我们俗话说的"想起一出是一出"。

妈妈看着放学回到家的孩子背着小书包进了房间,原本以为他会认真完成作业,可没一会儿就看见孩子跑了出来,先是在客厅里翻了一会儿零食,刚吃两口又看见了一旁放着的漫画书,看了几页,妈妈的手机响了,他又开始关心是谁发来的消息。

妈妈拿起手机,叹了口气说:"你现在难道不是应该先写作业吗?"

孩子却说:"等一会儿再写。哎,妈妈,我现在能看一小会儿动画片吗?"

妈妈更无奈了:"放了学你不知道先写作业吗?"

孩子却说:"可我现在想看动画片。我不喜欢写作业,一会儿再说吧!"

从这个孩子的表现不难看出,当孩子做不到"要事第一"这一条时,他的行为就毫无规律可言,一切都是他的一时兴起,同时他对不愿意做的事情表现出排斥的态度。他真的打算放弃做这件事吗?也并非如此,只不过是他不懂得按照轻重缓急来安排事情,这就导致他的时间可能会被白白浪费掉的情况,那些需要紧要完成的事情也一并被耽搁了。

这就是孩子不懂得合理安排时间的一个非常典型的表现,他没法在最合适的时间里去做最合适的事,一切只是顺从自己内心的想法,这样势必会让很多事都被耽误,也会让他在处理事情方面愈发没有章法。而且随着这种情况不断发展下去,孩子还可能会养成拖拉的坏习惯,他的时间也将逐渐被无关紧要的事情所占满,而那些需要他抓紧时间去完成的事情,反倒被抛于脑后,事情做不完不说,他也将慢慢变成一个毫无责任感、没有担当的人。

合理分配时间,将事情根据轻重缓急排序,并按顺序逐一完成,这正是培养孩子时间观念的一个重要目标,所以从"要事第一"开始抓起,会让孩子逐渐意识到很多事情并非如他所想那般随意,而是需要认真对待的。

什么？利用时间还有技巧和方法？

——孩子的时间效率太差

"工欲善其事，必先利其器"，这是古人给我们的重要提醒。也就是说，若想很好地完成一件事，就需要掌握合适的工具和方法。所以，从这个角度来讲，如果想要让孩子能够有效地利用时间，那么他理应学习并掌握一些好的方法。但实际上，我们大人却可能忽略了这个问题。

在很多情况下，这种忽略是无意的，我们将大部分的关注点都放在了孩子的身体是否健康、是否已经掌握了学习的知识等上面。而对时间的管理，在我们看来就只是"下意识就可以完成"的习惯，而且很多妈妈坚信"孩子长大了就自然知道时间重要了"。所以，对于有些妈妈来说，在时间方面的教育就变成了这样一种模式：一开始就没有开展这方面的教育，孩子一旦在这方面出了问题，妈妈就立刻会说出类似"浪费时间就不是好孩子""你必须抓紧时间"的话来。到头来，孩子虽然可以深刻意识到"浪费时间是不对的""时间应该被充分利用起来"这样完全正确的道理，可是具

第一章 孩子没有时间观念，妈妈怎么办？

体到操作上，他就完全不知道应该怎么办了。

我们给了孩子正确的理论，却忽略了培养他对这一理论的实践，结果导致孩子只能在口头上表达对"守时""惜时"等原则的认同，却不能在现实生活中去真正实践这些原则。出现了这样的结果之后，我们却可能还要抱怨孩子："这么大了还不懂吗？真是太让我失望了！"

也许我们大人从来没有意识到自己这种认知和行为是有问题的，但如今，跳出来，站在第三者的角度来看看自己在孩子理解时间这个过程中的表现，你是不是能感受到些什么呢？没错，告诉孩子要"惜时""守时"只是时间教育的开始，接下来要花费足够多的精力，让孩子在他的生活中真正去掌控时间，让他亲身体会正确安排和利用时间给自己带来的感受。把我们大人利用时间的方法、通过其他渠道得知的对时间的安排方法一点点地教给孩子，引导他自己去尝试，让他真正从自己的行动中去感受。如同学习其他知识一样，当他把这些方法转化为自己所有时，才算真正地从思想和行动两方面都有了收获。

有的妈妈可能会有这样一种认知："我自己做到了，耳濡目染孩子也就能理解了，这么简单的内容哪里用得着教。"父母的言传身教的确很重要，如果连我们自己都做不到、做不好，孩子当然会跟着变懒惰。可是，很多事情如果我们父母不加以解释，仅靠孩子那浅显的理解能力，他并不一定会把为什么这样做、这样做的意义是什么搞清楚。来设想一个场景：

妈妈与朋友约好某个时间见面，妈妈很早就带着孩子出了门，路上也没有耽搁，赶在约定时间到达了见面的场所。

对我们自己来说，守时、不迟到这是原则性问题，我们这样做是完全没有问题的。

可是对于孩子来说就不一定了，他多半都会问，"我们为什么要走这么早？""为什么一定要在这个时间前到？""为什么晚了不行？""为什么要这个时间在这个地方见面？"他会有很多"为什么"等在那里，因为出门早、行路远、脚步急等表现，对于孩子，特别是幼儿园时期或者刚上小学的孩子来说，并不是什么愉快的经历。

所以，我们就不如趁着这个机会，一边自己遵时守约，一边把为什么要这样做的原因说出来，这个过程就是言传身教的过程，我们解释了守时的必要性，又身体力行地给孩子展示了怎样做才能守时，同时还让孩子意识到守时是一种美德，这才是我们对孩子开展时间教育、培养孩子时间观念正确的"打开"方式。

第一章 孩子没有时间观念,妈妈怎么办?

真苦恼,我真是拖拖拉拉的吗?
——孩子已经养成了拖拉、磨蹭的坏习惯

提到与时间观念有关的问题,我们一定会想到一个非常典型的表现,那就是拖拉。可以说,绝大多数孩子,在没有刻意培养时间观念之前,都会有不同程度的拖拉问题。

比如,孩子不管做什么事都很随性,想做的时候才开始做,中途一旦没兴趣了就立刻丢掉这件事;有时候是原本正做着某件事,突然想起了别的,就搁下了这件事,等过好久才会想起来接着做。

正在做的事情,也是能磨蹭就磨蹭,就拿吃饭来说,一位妈妈就说:

> 孩子从开始会吃饭时起,就一直磨磨蹭蹭,吃两口,玩一会儿,要不就是注意力常常被别的东西吸引,一顿饭下来,如果没人催促,孩子能吃一个多小时。我看着这个着急啊!催他,他就哭,要不就不高兴,干脆不吃了;不催他,我们都刷完碗筷了,

他那儿还一大碗饭没动呢，你说气不气人！

不仅是生活上拖拉，当孩子开始进入学校，开启学生生涯之后，他的学习也会被拖拉的坏习惯影响：作业不按时完成，作息没有规律，做事没有计划，学习成绩当然也就好不到哪儿去。如果不及时让拖拉的孩子改变坏习惯，日后他的生活、学习、工作还将受到更大的影响。

可以这样说，孩子身上这个拖拉的毛病，将会是培养孩子时间观念这条道路上最大的障碍，如果能够尽早纠正这一点，孩子的时间观念也会更容易建立起来。

那么，孩子拖拉的习惯到底是怎么形成的呢？

首要原因在于孩子自身。不管是做什么事，每个孩子都是从一点一滴开始学起，最开始他对陌生的事情肯定会表现得不那么灵活，他需要时间去熟悉，也需要通过反复练习让自己习惯。这个过程中，他会表现出做不好、做不到的状态，在已经能熟练地做这件事情的成年人看来，孩子也就显得拖拖拉拉、不那么利索了。但显然，这个状态是一直在变化的，只要孩子勤加练习，他会逐渐掌握各项生活技能，他也会变得像我们一样行动自如起来。只不过在这个过程中，我们家长的态度就显得很重要了。

导致孩子拖拉的第二个原因，就是身为妈妈的我们的表现。面对孩子的拖拉行为，不是所有妈妈都能理智应对的，很多妈妈表现出对孩子的这一行为非常不能理解，并进而表现出焦躁、忧愁，还有可能出现愤怒的情绪。妈妈的情绪会影响孩子对自己行为的判断，会让他无法安心地去做自己接下来要做的事。如果孩子性格急躁，那么妈妈的这种负面情绪也会让

第一章 孩子没有时间观念，妈妈怎么办？

他不能更准确地意识到自己应该怎么做，反而会让他变得更加烦躁；如果孩子是慢性子，就会变成妈妈自己生闷气，孩子的变化却并不大。

除了家长的不良情绪导致孩子无法改变拖拉的坏习惯之外，还有一种情况也会导致孩子拖拉，那就是我们的包办代替和细致周到。得到的帮助越多，孩子能自己主动去做的内容就越少，他能掌握的技能也会相应地减少，这无疑又会促使他变得更加拖拉。

所以，面对养成了拖拉坏习惯的孩子，要从孩子和我们自身两方面来找原因，在培养孩子的同时，也不断调整、提升自我，避免让孩子进入"拖拉"的循环中，同时让孩子好习惯的养成过程变得更加顺利。

我的注意力真是很难集中啊!

——在学习方面很难专注,浪费大量时间

如果一个人不会利用时间,那么他在生活、学习和工作上都将会遇到麻烦。不能掌控时间对他的人际关系也将带来负面影响。对孩子来说,不能掌控时间给他带来的最大的负面影响,就是学习方面的无法专注。

其实很多孩子从幼儿园大班开始就已经有注意力不够集中的情况出现了,但是我们对这种状况却并没有产生足够的重视,结果导致孩子对自己不能专注学习这一情况也就毫不在意。最终等到孩子浪费了大量时间却学无所成的时候,早已悔之晚矣。

比如下面例子中的这位妈妈,就经历了这个后悔的过程:

> 孩子上幼儿园的时候,每隔一段时间老师都会和家长交流。
> 到了中班升大班的阶段,老师提醒我,说我女儿在幼儿园里专注力不算好,老师在前面讲话的时候,女儿一开始还能坐得住,

第一章 孩子没有时间观念，妈妈怎么办？

但很快就开始东张西望，要不就是玩手指头、拽衣服扣子。这样的结果就是，老师教的一些小诗歌、小口诀，女儿多半都记不住。我自己也总是要在班级群跟别的家长反复确认老师所教的内容后，再重新教女儿一遍。

尽管这样，但我当时只是觉得，女儿还在上幼儿园，离上小学还有一段时间，所以并没在意她的这些问题，认为幼儿园也不教授什么考试课程，不认真也没太大问题，等她上了小学、换了环境，自然就知道要专心听讲了。可是我错了。

到了上小学的年纪，已经形成了习惯的女儿，注意力总是无法集中，上课的时候不认真听，导致作业都记不全。老师也委婉地向我表达了建议，希望我能帮助改善女儿上课东张西望、小动作不断的问题。

我觉得很后悔，如果能在幼儿园时期就对这个问题加以重视，也许后期就不会这么麻烦了。所有的问题，都应该尽早发现，尽早解决才行啊！

对于学生来说，注意力不集中是一个很严重的问题，不管学习什么，不能专注地听讲，是不可能将知识转化成自己头脑中的东西的。

孩子注意力不集中的问题，的确需要尽早注意。幼儿园中大班开始，孩子的注意力可集中的时间已经开始有所延长，我们此时就要配合老师在专注力方面对孩子进行培养，让他养成专注的好习惯，这样当他步入小学后，才能保持这种专注，从而做到认真听讲和学习。

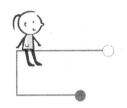

写作业真是一件很麻烦的事！

——不会高效利用时间写作业

写作业是学习过程中很重要的一个环节，因为它可以帮助孩子复习所学内容，实现查漏补缺，从而巩固所学的知识。

写作业这个过程要求专注认真，不管是敷衍了事还是拖拉导致的延误，甚至是放弃写作业，对他人是不会有任何影响的，最终吃亏的只能是孩子自己。这个道理大家都非常清楚，但就是有很多孩子一到写作业的时候就抱怨"这是一件麻烦的事"。

不同年龄段的孩子，作业量不同。一般来说，低年级孩子的作业并不会构成较大的负担。因为老师在布置作业时会根据课程内容以及孩子的能力对孩子进行定量布置作业。也就是说，如果孩子能够合理分配时间，集中注意力，妈妈再及时跟上辅导的话，孩子就能很快完成作业。如果孩子总说写作业是件"麻烦事"，那其中恐怕是出了一些问题。

觉得作业麻烦的孩子，认为作业又多又烦琐，拿起一本作业，刚写了

第一章 孩子没有时间观念，妈妈怎么办？

个开头就不想再继续写下去了，随手就换了别的科目的作业。虽然换了科目可态度却没变，反而让他感觉更加麻烦。于是最终可能产生这样三种结果：第一，每一科作业都写了一点，但都没有写完；第二，某一门作业开头写得还可以，到后面就杂乱了，而其他几门作业则根本没动；第三，比较极端，刚开始写作业，不管是哪一科，孩子已经非常烦躁了，连开头都写不下去。至于说已经写过的作业，正确率很低，多半是应付了事。

为什么会出现这样的结果？很多孩子自己也觉得烦恼，但是他们多半不会主动寻找自己出问题的原因，反而会很肯定地说："看吧，我就说写作业很麻烦吧！"而越是这样认不清自己哪里出了问题的孩子，最终的结果就不只是作业写不完、成绩上不去这么简单了，当寻找借口成为习惯，以后他可能也会成为一个遇到问题常推卸责任，毫无担当的人，他的生活也会变得杂乱无序。

当然，这个跟我们对孩子的放任不管也有很大关系，毕竟小学一二年级孩子的作业是需要在家长的辅导下完成的，如果刚上小学就放手不管，既不能很好地引导孩子学习，也不利于孩子好习惯的养成。所以，对孩子的作业的放手需要一个过程。放手的前提是在妈妈辅导作业的基础上，孩子已经可以及时、高效、独立完成作业了。

事实上，孩子自己也是知道作业的重要性的，做不完会被老师批评，经历过几次批评之后他也能对此有一定的认识。而实际上，不能很好地利用时间来完成作业，对孩子的影响其实远不是受老师批评这么简单的。从学习的角度来看，完不成作业，孩子就没法检验自己的学习效果，不能知道自己到底学到怎样的程度了,就不利于进行后续的学习。

所以,还是要教孩子从小就能高效利用时间,好好写作业。毕竟对于学生来说,写作业是一项最基本的学习内容,而按时把作业写完,能够做到不拖沓、不放弃,也是做学生的本分。

第一章 孩子没有时间观念,妈妈怎么办?

我的生活简直一团糟

——孩子没有学会如何规划和打理自己的生活

时间对每个人都是公平的,一天当中,每个人都拥有固定的 24 小时,在这 24 小时的时间里有的人就是充实的、收获满满的,可有的人就会白白浪费掉。

会规划和打理自己生活的人,从早上睁眼开始到晚上睡觉结束,他可以把任何一件小事都安排得井井有条,不仅每一件事都能保证按计划完成,而且还能寻找到足够多的空闲时间做更多的事情,让自己收获一些意外的小惊喜。这样的人所过的一天 24 小时就是充实的,是值得回忆的,这样所得的收获也会很多。

不会规划和打理自己生活的人,首先表现在作息上就是一团乱麻,毫无规律,他不知道什么时间该起床,更没计划好什么时间睡觉,做任何事都没计划,想起做什么就做什么,觉得没意思了就能中途再换一件事来做。他能做的事情也是有限的,一旦不知道该做什么的时候,就发呆、睡觉、吃东西、看电视等,做这些消磨时间的无益的事情。如此浑浑噩噩一天下来,要问他做了什么,他自己都记不住,不仅记不住,他还会觉得这一天下来身心也挺累,毕竟空虚也同样会给人带来烦恼。

不要以为只有成年人才能体会到这样的烦恼,别看我们的孩子年纪小,有的早就已经深有体会了。有的妈妈可能会说:"孩子一天到晚就知道玩,怎么可能觉得烦恼呢?"仔细观察我们就会发现,孩子在不知道自己一天当中要干什么的时候,也是非常烦躁的。

也许你也注意到了,在孩子还没有学会自己安排时间的时候,越是让他自己去玩,他越表现得不知道要干什么,他会不停转换自己手中要做的事情,不管是玩耍还是写作业,不管是出门还是在家,他几乎都没有什么常性,他需要不断转换事件来让自己的注意力稍微集中一下,他也想让自己能够安静地做一件事,但是没有规划,不能合理安排时间,会让他分不清主次轻重。更让他抓狂的是,当他自己这边还在选择自己到底要先做什么的时候,那边我们可能已经在提醒他"要吃饭了""要睡午觉了""准备出门了"……这些在我们看来是已经形成规律的事情,会让他觉得自己处于一种被动的生活中。

有时候我们以为孩子这么悠闲地玩该是多么轻松的一件事,其实不然,你会发现他在这种时候会很容易生气,尤其是在你让他做些什么事的时候,他会不耐烦地喊一句"知道了",或者是告诉你"我不想做"。其实他的烦躁折射的就是他不知道自己到底要干什么的真实状态。

当然也有的孩子是相反的,他巴不得妈妈帮他把一切都安排好,然后他就什么都不用多想了。这样的孩子是快乐的吗?也不尽然。妈妈的安排总会有不周到的时候,有时妈妈想不到,但他却需要。比如他想要看完动画片再出去玩,但妈妈没安排出去玩这一项,只告诉他看完动画片就要吃饭,他会认为自己的要求没有被满足从而变得脾气暴躁。

事实上,这种看似轻松的生活,却会给孩子带来恐慌,他也会从这不断流逝的时间中感觉到自己居然没做成一件让自己觉得开心的、有成果的事情。随着年龄增长,他这种感觉会越发强烈。看看那些因为在假期不会安排时间,最后不得不在假期最后一天疯狂补写所有作业的孩子们,他们一边哭一边说自己不想上学,这其实就是时间对他们"胡乱""随意"生活的一种惩罚。

这种情况难道不也应该引起我们的注意吗?

孩子越长越大,我们终归不会一直帮他安排所有的事情,当他自己不能独立处理自己的生活时,他的人生几乎就被毁掉了,这样的结果难道是我们期望看到的吗?

所以,如果现在你发现孩子的生活已经一团糟了,那就赶紧行动起来,帮他终结这段糟糕的历史,从对孩子时间观念的培养做起,让他能在自己有限的人生里过上能带给他无限快乐的生活吧!

第二章
时间在哪里？时间是什么？
——跟孩子一起认识时间

若要让孩子学会利用时间，必须先要让他认识时间。时间具有很多特性，我们只有一一向孩子解释明白，才能让这个抽象的名词在孩子的头脑中扎根，并利用时间在生活中所起的作用，来让孩子逐渐意识到时间与生活之间的紧密联系。

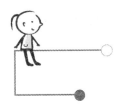

妈妈，钟表应该怎么看？
——从实际工具入手

真正从概念上来理解的话，时间是一个很抽象的名词，是物质的运动、变化的持续性、顺序性的表现。人们把时间看作是描述物质运动过程或事件发生过程的一个参数，并依靠不受外界影响的物质周期变化的规律来确定时间。

这些概念显然非常抽象，也非常高深，对于孩子来说更是难以理解。接下来，我要介绍几种智慧的解释时间的方法，供大家参考。

最为直接有效的方法，就是从实际生活中的工具入手，让孩子亲眼看到、亲身感受到时间的流逝。在我们的生活中，这样很直观的工具一个是钟表，一个是日历，我们要利用好这两个生活中的常见物品。

第一，钟表。

生活中的钟表分两种，一种带有表盘刻度，以时针、分针、秒针

第二章 时间在哪里？时间是什么？

360度旋转来标示时间；一种则只有数字，以数字的不断跳跃变换来显示时间。要引导孩子认识时间，我们可以选择先从带有表盘刻度的钟表入手，因为这会更加直观，而且十二个数字与三根表针共同组成的画面，也更容易引起孩子的注意。

不用急着一上来就给孩子讲时间的概念，先用一些小儿歌来让他记住钟表的特征，比如，"分针长，时针短，一到十二团团坐。伸出手指数一圈，大格共有十二个。一大格，五小格，一圈小格六十个。一时等于六十分，珍惜时间别挥霍。"一边念儿歌，一边给孩子解释钟表表面的构造，帮助他记忆。

接下来，同样可以利用小儿歌来教孩子用钟表看时间，比如"分针时针长着脚，小小时钟真奇妙！时针走过一大格，一个小时已度过。分针每走一小格，一分钟就不见了。要是分针指十二，时针指几是几时。要是时针走过几，时间就是几时多，到底多了多少分，咱们再来看分针。大格千万别忘记，小格可要数仔细。"

家中的钟表，图画中的钟表，甚至玩具类的钟表，都可以拿来当作"教具"。如果时间充裕，也可以和孩子一起动手制作一个小表盘，不仅锻炼了孩子的动手能力，而且由于是自己亲手制作的，也会使孩子对钟表的记忆更加深刻。

电子表也同样可以用来当教具，最好选择带有秒数的电子表，数字的不断变化在某种程度上会引发孩子的好奇心，和他一起观察数字的变化规律，鼓励他自己发现秒、分、小时之间的关系，这样他的记忆也会更加深刻。

第二,日历。

认识钟表是教孩子认识一天 24 小时,而日历则是要让孩子意识到日出又日落的频繁更替。

可以从年月日开始给孩子介绍,让他把日历上的数字跟现实生活联系起来,然后再给他讲一周、一月、一年的概念。同时关于月份的记忆也是有小口诀的,"一三五七八十腊,三十一天永不差,四六九冬三十天,平年二月二十八。"平时就给孩子念叨念叨,让他在不知不觉中就记住这些知识。

也可以动手做一个小日历,给孩子准备好画笔、小印章,让孩子每过一天就在日历上做一个记录;也可以做成可以撕的日历每天让孩子撕一页。

其他让孩子认识时间的方法还有很多,这就需要我们自己开动脑筋了,有一位妈妈的方法值得我们学习:

> 有一次,整理手机相册的时候,孩子也趴在我身边跟着一起看、一起回忆。我挑出了一年四季四个时间段的照片,问孩子这都是什么时候照的,让他根据当时的衣服、环境来讲讲当时是什么季节。孩子一边看一边想一边说,结果他很快就记住了春、夏、秋、冬、的差别和顺序,也记住了不同的月份、年份中他的变化。我觉得这种带有真实画面感的方式,一定能让孩子对时间记忆深刻。

利用生活中随处可见的工具是最简单最直接的帮助孩子来认识时间的方法,而且随时随地都可以拿来用,只要我们有心,孩子就能更早更快地认识时间这一概念。

第二章 时间在哪里?时间是什么?

到时间可以出去玩了

——把时间与孩子的生活联系在一起

每个人的生活都和时间息息相关,不管做什么、发生什么,时间都在其中起到重要的作用。换句话讲就是,对每一个人来说,时间都是无处不在的。所以当我们向孩子讲解时间的概念时,我们也可以从这一角度来入手:有意识地将时间与孩子的生活联系在一起,引导他去注意自己与时间的关系,从而让他更好地感受时间。

举个简单的例子:

孩子从幼儿园放学回到家,问我:"妈妈,我能看一会儿动画片吗?"我当时回应她说:"等一会儿,到6点再看。"孩子却像没听见一样,继续说:"妈妈,我想看动画片。"我说:"不是告诉你等到6点再看吗?"孩子一脸迷茫。

这时孩子的姥姥指了指家里的大钟表,拉着孩子说:"你看啊,妈妈的意思就是,等到短针指到6,长针指到12的时候,你就可以看了。我们再等等吧,你告诉妈妈现在指针指到哪里了啊?"

孩子的注意力被拉到了钟表上,仔细辨认了一下才说:"妈妈,妈妈,短针现在在5和6中间,长针指到7了,过一会儿我才能看,对吗?"

我连忙点头,孩子也不再吵闹,而是去一旁耐心地等待了。

很多时候我们都会错过这样教育的好时机,就和这位妈妈的表现一样,自己干着急,却想不到要利用生活中绝佳的教育机会来引导孩子去关注时间,并让他把自己要做的事情与时间联系起来。

所以,要让孩子在生活中频繁感受到时间的存在,我们需要尝试着将时间节点加入生活中去,比如"到时间出去玩了""现在是吃饭的时间""已经八点半了,要睡觉了"等,这样的表述会让孩子时刻注意到时间就在他的身边。

为了能让孩子更容易地关注到时间,也可以从他感兴趣的事情入手,越是他热衷的事情,越容易引起他的兴趣。

下面这位妈妈是这样做的:

每天晚上七点,家里老人会看《新闻联播》,于是我便把这个提醒老人看新闻联播的任务交给了5岁的女儿,我告诉她:"每天晚上你看到咱家钟表上的大针指向12,小针指向7的时候,就要

第二章 时间在哪里？时间是什么？

喊爷爷看新闻,这是你的任务了。"

女儿觉得很开心,这年龄段的孩子刚好热衷于帮助家里人做事情,这个任务一落到她的头上,她每天便格外认真起来。只要时间快到了,她就特别开心地喊爷爷,在她的头脑中,"晚上7点"和"看新闻"这件事已经紧密联系在了一起。

而也正因为有了这个时间节点,她已经可以自觉控制自己看动画片的时间了,只要临近7点,她自己就能主动离开电视机,不管之前是从几点开始看的,哪怕只看了十几分钟。这还真是个意外的收获。

孩子对于时间的感觉也是一点点建立起来的,我们也要多观察,发现更多这样的可利用的机会,帮助孩子更快地建立起对时间的感觉。

时间怎么就过去了呢？
——让孩子体会时间的一去不返

时间是一条单向线，仅就目前的科技发展水平而言，我们还做不到让时间倒流，也没法回到过去。所以，对于我们来说，时间都是一去不复返的，已经被消耗过去的时间没法再收回。作为成年人，我们对这一点的体会尤为深刻。工作、生活、家庭中的各种各样的事情，都会让我们操心不已。随着年岁的增长，我们越发感觉到时间的飞逝。

孩子就不同了，他们原本就没有经历那么多的事情，而且他们对自己感兴趣的事情又有超级期待，所以他们并不喜欢等待，希望能更直接地实现他的愿望。带着这样的想法，孩子很容易出现抱怨时间过得慢，并且随意浪费时间的情况。

然而，时间如白驹过隙，若是不能意识到时间的不可逆转，孩子就会平白浪费时间，且有可能养成这种浪费时间的坏习惯。所以我们在适当的时候，也要选择合适的方式，来让孩子体会时间的不可逆性。

第二章 时间在哪里？时间是什么？

有一位妈妈选择了这样一种实物比拟的方式：

为了更好地给孩子讲清楚时间，妈妈买来一块圆蛋糕，并切分成很多块，孩子开心地吃掉其中的一块蛋糕，妈妈便问他："吃掉的蛋糕还会回来吗？"

孩子摇摇头，妈妈接着说："这块蛋糕就像是我们每个人拥有的时间，一旦被'吃'掉，就再也回不来了。"

孩子表现出很可惜："那再买一块新的蛋糕不就行了？"

妈妈笑着摇头："再买新的就是新的蛋糕了，这块蛋糕已经不可能再回来了，所以你在分蛋糕、吃蛋糕的时候都要考虑好，否则白白浪费掉是不是很可惜？"

孩子有些明白了，妈妈趁势继续提醒他："时间就像这块蛋糕一样，这块时间蛋糕你可以自己来分，如果你决定用很多时间去玩，那么做其他事情的时间就少了，而已经玩过去的时间也回不来了。所以，你应该怎么对待你的时间蛋糕呢？"

于是，孩子开始了自己的思考……

这位妈妈打了一个非常形象的比喻，在这个过程中，孩子更容易理解时间是什么，也能联想到自己应该怎么去做。这样的方式非常接近生活实际，相信孩子也会记忆深刻。

这就是妈妈的智慧。当然如果你暂时想不到那么多，也没关系，抓住生活中那些关键的时刻，同样能让孩子了解到时间的飞逝。

有位妈妈是这样做的：

妈妈和孩子约定好,今天可以看一个小时动画片,时间是从6点到7点,一旦错过就不可弥补了。但是因为在外面贪玩,等到回家时已经过了7点,孩子还想要看动画片,妈妈提醒他:"时间已经过去了,所以不能再看了。"

孩子很不开心,吵闹不已,但妈妈却坚持不松口,孩子忍不住抱怨道:"时间怎么就过去了呢?"

妈妈趁势教育他:"对,时间就是在你不注意的时候过去了,而且不可能再回来了。如果你计划好要做什么事,就要自己注意时间,一旦错过可就不能挽回了。这还只是看动画片,日后你会有很多很多事情都需要遵守和珍惜时间,千万不要再错过哦!"

虽然孩子依旧不开心,但妈妈的坚持让他不得不去自己感受这种错过时间的遗憾。

有的时候我们可能并不忍心看到孩子失望,尤其是家里有老人的时候,老人会更不愿意看到孩子不开心,那么一旦我们随便安抚几句或者妥协,很多非常好的教育机会就会被错过。

孩子需要自己去体会真实的生活,如果想让他意识到时间的不可逆,那么我们就要给他机会去体验这种失而不能复得的心情,并适当地给予他一些引导,在化解他内心难过的同时,也让他通过自己的感受和思考去明白更多的道理。

第二章 时间在哪里？时间是什么？

我不知道能做什么
——帮孩子去"填充"时间

从心理感受上来讲，当听到某样东西可以被"利用"的时候，我们都会有一种愉悦感，这是一种可以掌控某种事物的心理感觉，会让我们更安心。其实孩子也是有这样的感受的，只不过他并不知道怎么表达，而且因为小孩子能力有限，他也不知道自己该怎么做。

所以，在时间这个问题上，尽管我们告诉孩子"时间是可以被利用的"，但是他多半不知道自己要做什么。

举个简单的例子，如果孩子并不明白时间的概念，那么当你告诉他"你自己待一会儿吧"，他就真的不知道自己能做什么的。

这一点，相信很多妈妈都会和下面例子中这位妈妈一样感同身受。

周末的时候，我忙着做家务，顾不上孩子，就跟她说："你先自己玩一会儿，妈妈很忙。"说完后，我以为我和她就能达到"各

孩子不会管理时间，妈妈怎么办？

自忙碌，互不干扰"的目的了，然而事实却让我觉得头大。

我扫地、擦地，孩子会凑过来，看我干一会儿活，然后在一旁问东问西；我收拾书本，她也会跟在我后面，不停地问"这本书是什么"；我开始叠衣服，她也跟过来想要插一手……

我忙碌得烦躁，忍不住对她说："你就不能自己待一会儿吗？"

孩子可怜巴巴地回了我一句："我不知道干什么。"

我皱着眉头说："玩玩具、看书、画画、拼图、搭积木，这么多事能做啊，怎么就不知道呢？"

听了我说的，孩子仿佛立马醒悟过来，自己去翻玩具玩了。

给了孩子时间，孩子却不知道怎么用，眼看着时间被浪费掉，我们也是无奈又着急。如果我们干预得过多，那么孩子对时间的利用就是被动的，他还是没有意识到自己才是时间的主人。所以，要让孩子从"不知道干什么"变为"我想要去做什么"，只有当他能自主去填充时间的时候，他才会对时间有更深的体会。

要让孩子好好地利用时间，我们可以采取一个循序渐进的方式。

最开始由我们带着孩子来计划接下来的时间里要做什么，或者为未来某几天做安排。这时的安排我们可以先列出几个建议，也就是列出几件可以做的事情来，然后让孩子来选择，根据事情持续的时间长短以及孩子感兴趣的程度来对具体要做的事情进行合理的安排。在这个过程中，我们要记得提醒孩子注意怎样才能把时间填满，要让孩子产生"有事可做"的感觉。

等到孩子熟悉了这样的感觉,我们就可以进行下一步了。依然是要和孩子一起,但是不给他提供更多选项,鼓励他自己选择要做什么样的事情,我们在一旁给出恰当的建议和意见,除非在有限时间内不可能实现的事情,或者违背了某些基本原则的事情,否则不要过多干涉他的选择。在接下来的时间里,就和孩子一起按照他的安排来做各种事情,让他对填充时间产生一个更为深刻的印象。

再然后,待到孩子已经熟悉了如何安排时间这件事,我们就要尝试从中抽离出来,不再过多陪伴孩子,不再给他更多的意见,逐渐将处理时间的自主权交给孩子。在这个阶段一开始时,我们可以选择和孩子同步并行,也就是在同一时间段里,孩子安排他自己的事,我们安排我们的事,最好是不要和孩子离得太远,一方面孩子在有父母陪伴的情况下可以感到安心,另一方面我们也能从旁观察孩子对时间的安排是否有了进步。

随着时间的推移孩子会不断进步,只要我们有足够的耐心,能够激发出孩子对于充分利用时间的兴趣,并引导他养成良好的习惯,相信孩子也将逐渐摆脱"不知道干什么"的无聊境地。随着孩子对时间安排越来越熟练,随着他所学、所看、所想的内容越来越多,同时伴随着他的成长,相信他对时间的掌控能力也会逐渐增强。

妈妈,我听不懂你说的时间

——不要把成年人的时间观念强加给孩子

时间观念是一个带有个人特点的东西,每个人都有自己的时间观念。或者换一种说法,我们所经常提到的"要有时间观念""要学会管理时间"其实说的都是对自我的管理,也就是一个人应该有自觉性,要自己意识到时间的重要性,并自我约束,学会合理安排时间,并尽量让时间过得充实。

培养孩子的时间观念,一定是要让他发自内心地注意到时间的流逝并学会利用时间。虽然作为妈妈,我们的榜样作用也非常重要,但这并不意味着我们可以要求孩子去复制我们对时间的感觉,更不是要求孩子一定要遵循我们的时间观念。

然而,很多妈妈却可能因为心急,想要更快地让孩子意识到时间的重要性,在对孩子开展时间教育时,采取了一种强硬灌输的方式,意图让孩子通过"死记硬背"的方式记住我们对时间的看法以及理解。

但这种方式最终是行不通的,就好比我们最初教孩子认识"苹果",我

第二章 时间在哪里？时间是什么？

们举着卡片上的图画，告诉孩子"这是苹果"，却没有让他见过、摸过、尝过苹果，那么孩子可能只是在下次再看见相同的图片时才会说"苹果"，他对苹果的理解只停留在平面的图片上，停留在我们所教他念出来的发音上。而如果我们让孩子亲眼看到了苹果的样子、颜色，摸到、尝到了苹果，亲身体会到了苹果的质感、味道，他身体的多种感官就会被调动起来，这种自身经历的积累会让"苹果"这个概念在他的头脑中变得立体起来，这种来自他主动获得的记忆，最终才会成为他自己的知识储备。

同样的道理，时间观念的培养也不是我们说什么孩子就记忆什么，你说再多的"你要像妈妈这样珍惜时间"，也不如让孩子自己亲自体会到时间的飞逝，体会到合理安排时间给他带来的愉悦感，从而使他对时间的记忆来得更深刻。

那么，我们应该怎么做呢？

首先，我们自己要正确看待时间，平时在家中就要展现出一个有序的时间安排，并能充分利用时间，尽量不浪费时间。我们可以把自己对时间的安排、浪费时间的后悔、弥补时间的艰难等情形展现给孩子，不断提醒孩子在他的生活中也是有时间存在的，让他开始对时间产生兴趣。

接下来，就是前面一节中提到的一系列引导孩子对时间的认识、理解。但不管是哪一项的内容，一定要重在引导而并不是填鸭式的灌输，要调动孩子的积极性。幼儿园大班或者已经上小学的孩子，对一些内容的理解已经没有问题了，我们可以说得浅显一些，让孩子自己产生思考，多采用引导、启发式的问句，给孩子更多思考以及自主安排的机会。

同时，有意识地多和孩子聊一聊时间的话题，问问他对时间的感觉，在他现有的基础上,我们去了解他的时间观念建立的程度,然后根据孩子的发展情况来调整我们的引导方式和内容,直到孩子自己一点点建立起时间观念。

在这个过程中,我们始终是引导辅助者,而不是强行灌输者。

另外,我们要有足够的耐心,要允许孩子在时间问题上犯些错误,让他自己体会到不好好利用时间、浪费时间给他带来的不良后果,自然惩罚所带来的教训要远比我们总是替他未雨绸缪有用得多。

第三章
在对的时间做对的事情
——教孩子学会分配时间

时间也是讲求"按需分配"的,在什么时间做什么事,合理地分配时间,我们需要教给孩子一些有效的技巧。当孩子能够合理分配自己的时间时,时间才能为他所掌控,这样对时间的利用才是有意义、有价值的。

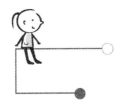

原来所有的事情都由时间控制

——让孩子意识到时间的重要性

时间到底重要不重要，总靠我们反复地说或者不断强调，孩子可能并不会有很深刻的记忆。因为别人说的，终归只是"外来品"，凡是没有自己亲身经历过的，都只是表面的认识，不能只是因为"妈妈说要注意时间"，所以"我才要记住这一点"。

成长是孩子自己的事，怎么分配、利用时间更是他自己要注意的事，因此我们要想办法让孩子发自内心地意识到"所有的事情都是由时间控制的"。

若想要让孩子明了这一点，我们可以从以下两个方面来入手。

第一，要让孩子明白，事情的发展都是有始有终的，是不可能一直顺从于他的喜好而发展下去的。

在这一点上，孩子们的突出表现就是，"我想要玩，所以我就要一直玩下去"，刚入小学前后那个时间段的孩子，其思想并没有那么快地转变到

第三章 在对的时间做对的事情

"我要开始好好学习"这上面来，他们大部分的时间里，还是希望自己的生活能以玩为主。这样的孩子很容易抱怨"玩的时间不够"或者"玩的时间太短"，有些任性的孩子则可能会就此拒绝听从大人的安排。

那么怎么让孩子意识到一件事是由时间来控制始终的呢？

首先，告诉孩子，除非特殊情况，否则人不可能长时间从事同一件事而没有停顿或转换，这是人的生理、心理所决定的。所以不管孩子有多么喜欢做某件事，也不可能一直做下去，有开始，就会有结束，结束是为了让身体进行调整，以便更好地进行其他的事情。

其次，尝试在事情开始前就给孩子设定好起止时间，让孩子从一开始就有一个心理准备，让他不会因为突然被叫停而感到沮丧和愤怒。前几次的时间限定，最好多对孩子强调几次，让他自己知道不能一直将某件事进行下去。而且如果没有特殊情况，不要随意更改设定好的时间，并对能够按约定时间停下的孩子进行口头的鼓励和表扬，让孩子知道有始有终才是恰当的行为。

最后，对孩子偶尔出现的自我主动控制时间表示鼓励。有时候，孩子也会对时间有控制，比如说好了不会玩很久，孩子玩了一会儿就自己跑过来主动表示不玩了，或者说好了看完一集动画片就关掉电视去吃饭，他很自觉地遵守了这个约定。这时及时肯定孩子的表现是非常重要的，也让孩子意识到他这样做才是正确的。

第二，要引导孩子去真正体会在合适的时间做合适的事情才是正常的生活与成长之道。

到了吃饭的时候就去吃饭，到了睡觉的时候就上床去睡觉，到了该学习的时候就认真专心地学习，到了可以玩耍的时间就尽情放松，还有锻炼、休息以及做其他各种事情的时候，我们都要专心地做这件事……我们生活中的事情都是由时间控制的，合适的时间里做合适的事情，不仅是有时间观念的表现，也是对我们身心健康的负责，对人生的负责。

孩子对这种"在恰当的时间做恰当的事情"的人生原则其实并没有太多的感觉，因为自出生开始，孩子的生活就是从不规律开始的，吃、睡、玩，全凭他个人的需求。有的孩子就算到了上幼儿园的年纪，有了幼儿园老师的帮助与约束，这种"任意随性"的生活方式还是没有太大的改观。对于孩子的这种状态，我们需要及时介入，不管是制订良好的生活作息计划，还是家长自身作为榜样去影响孩子，让他和我们一起体验在恰当时间做恰当的事情的经历，逐渐规范他的生活，让他逐渐形成良好的生活习惯。

第三章 在对的时间做对的事情

看看之前都做了什么
——教孩子记录自己的"时间开销"

很多人都有记账的习惯，就是将自己钱财收支消费的情况一项项记录下来，对比账本记录的收支情况，以更好地提高自己对金钱的掌控能力。经常记账的人，会慢慢养成精打细算的好习惯，在金钱上便不会随意浪费。

同样的道理，时间也是如此。有的人可以做很多事情，有的人却一事无成；有的人觉得自己过得非常有意义，有的人则认为自己无聊至极。这就是"时间开销"不同所带来的不同结果。

孩子的"时间开销"也是如此，很多孩子一天过后的感觉可能就是混沌的，就连他自己都感觉不到开心。

一位妈妈就曾这样讲：

> 周末早上孩子睡了个懒觉，很晚才起床，起床之后简单吃点东西就要看动画片，我手里还有点事没处理完，就摆摆手让他自己安排。

孩子不会管理时间，妈妈怎么办？

于是一整个上午，孩子先是看动画片，过了会儿觉得没意思了，就不再理会电视开始自己看书，可是翻了没两页，又忽然被电视广告引得想起了自己的某个玩具，便去翻找玩具，找到后又玩了几分钟，这个时候，电视上开始播放他想看的动画片，他就又看起了电视。

就这样，等到我中午准备做饭的时候，孩子默默地走到我的面前，靠在墙上对我说："妈妈，我觉得好没意思啊！"

我还以为他自己玩得挺开心呢，其实他根本没有什么计划，时间都被耗过去了，他只是想起来什么就做什么，顺从当时短暂的兴趣，时间被安排得一团乱，能感觉有意思就奇怪了。

好多孩子的"时间开销"都是这样"随意"。看似随意，实质上却会让他自己都感觉很痛苦。然而从孩子自己的理解能力和思考能力来看，他恐怕还不能明白这到底是怎么一回事，也不会意识到这是他对时间的掌控能力低下所致，那么我们就不如采取比较直接明了的教育行为——教孩子记录"时间开销"。

具体操作可以这样进行：

第一步，选定一个时间段，跟孩子一起来回忆他都做了些什么、大概都用了多长时间。

选择最近的一段时间，比如前一天、今天上午或下午和孩子一起回忆。不过这也要看孩子的情况，有的孩子会愿意去回忆，有的孩子就会直接回应"我不记得了"。所以，不要太着急，这种引导性的回忆要慢慢来。至于

第三章 在对的时间做对的事情

回忆的内容,也不用太复杂,帮助孩子弄清楚他做了什么,每件事大概做了多久就可以了。

不过,特别需要注意的一点是:在回忆过去所做的事情的这个阶段,不要去评论孩子的表现,只要引导他回想自己做了什么就行,过多评论反而会让他更不愿意参与进来。

第二步,就孩子做的那些事,聊聊他的感受。

前一天或者当天上午,孩子做了几件事,把这些事情清楚地列在纸上,接着就可以和孩子讨论一下这些事了。问问他当时为什么要做这些事,有怎样的心情和想法,做这件事的时候有没有觉得时间过得很快或者很慢。

和孩子聊完他做的事情,我们也可以顺便说说自己在同样时间里都做了哪些事情。比如,同样是一个小时的时间,孩子可能看了一集动画片之后,翻了几页书,然后又画了半幅画,而我们却搞完所有屋子的卫生,同时还洗了三五件衣服,并择洗好了蔬菜,已经开始准备做饭了。

通过对比,让孩子意识到在一段时间内,可以做很多事,他只做了寥寥几件,且有的还没做完,这就是他时间利用率低下的最直接表现。

第三步,引导孩子说说他对时间的看法。

通过前面两步的回忆与对比,就可以引导孩子说说他对时间的看法了,看看在他心目中时间是什么,他有没有注意到合理利用时间的重要性。

最初孩子可能并不是很在意这种事,那么我们可以时不时和他来一次针对时间的讨论,让时间逐渐在他头脑中形成印象。通过不断记录时间开销,使得孩子将生活与时间联系起来,让时间真正在生活中发挥作用。

啊,任务时间到了,我要行动起来了

——给孩子布置时间任务

"在这个时间里就必须做这件事",这是我们需要让孩子体会到的一种感受,或者说我们需要培养孩子具备这样的一种自觉性。如果孩子没办法自己去控制时间和自己的行为,那么我们就不妨采取一种更加直接有效的方法——把时间任务化,然后把孩子的时间划分成一个又一个的"任务格子",用这些小任务将孩子所拥有的时间小格子填满。

简单来说,就是给孩子布置时间任务,到一定时间就让孩子去做某件事,事先将事情列出来,提醒孩子在限定时间内完成。

那么,如何给孩子布置时间任务呢?

首先,根据孩子当下对时间的利用状态来进行合理的安排。

有的妈妈颇为急于求成,想要尽快让孩子对时间有感觉,在布置任务时会毫不"留情"地将孩子的时间安排得满满当当。殊不知,孩子从完全不知道干什么的生活状态一下子进入忙碌不堪的状态，会非常不适应。孩子可能一开始还会因为这样的形式比较新鲜而愿意按要求去做，过不了多长时间，他就会因为这样的安排太过忙碌反而懈怠下来，并逐渐厌恶这种时间任务。

所以，我们需要先确定孩子当时的状态，他对时间是怎么看的，他对时间的利用又是怎样的。如果孩子一点时间观念都没有，那么我们一开始的时间任务就不能安排得那么紧迫；若是已经对时间有了一定的认知，只不过安排得不算好，那我们倒是可以给孩子安排得稍微详细一些。

其次，注重时间任务的合理性。

任务的合理性包括任务的难易程度、时间长短以及任务的意义。

难易程度：可以先易后难，对于不太明白怎么运用时间的孩子来说，在执行任务上，他需要一个适应阶段。从简单任务开始，让孩子能轻松应对的同时，也能留出一些多余的心思让他去注意时间。

时间长短：幼儿园大班或者刚上小学的孩子，其注意力集中的时间本身就不长，所以如果一上来就给他安排很长时间的任务，势必会让他觉得枯燥厌烦。所以还是要根据孩子本身的特点来安排任务时间的长短，孩子能集中精力15分钟，那就给他安排一个最长15分钟的任务。当然如果有孩子已经可以把事情做得很好了，或者是一些他非常感兴趣的事情，适当延长时间也是可以的。

任务的意义：我们需要牢记我们设置这些时间任务的意义，就是为了让孩子认识时间、了解时间，让他知道要在一定时间里好好做事。所以，不要因为孩子在任务完成过程中表现不佳就训斥他,不要给孩子过多的"不珍惜时间"这样的评论,否则我们所引导的"任务"就变了味道。要让孩子通过这个任务对时间产生亲切感才好。

最后,对孩子完成的时间任务予以恰当的反馈。

时间任务有时间限制,到了什么时间就做什么事情,且要好好地做完,这样一个过程才是完整的。所以,当孩子完成任务的时候,我们要给予肯定,如果他完成得好,适当鼓励和夸奖也是必要的。

需要注意的是,如果孩子没有完成任务,这也是一个很好的教育时机,尤其是当我们的安排是一个任务接着上一个任务的时候,孩子就能体会到,这个任务完不成就会对下面所有的事情产生影响。这种体会也是一种经验,对孩子非常有意义。

所以,我们需要引导孩子去体会与思考,而不要因为他没完成任务去训斥他。还是那句话,要时刻记住我们设定时间任务的意义,不要让孩子因为自己并不完美的表现而对时间产生不良的情绪。

第三章 在对的时间做对的事情

到……为止，才算完
——让孩子熟悉遵守时间给他带来的感觉

四五岁的几个孩子扎堆儿玩，妈妈们就凑在一起闲聊，一位妈妈问道："你们的孩子现在认识时间吗？"其中一位妈妈回道："认识数字。"言下之意便是，钟表上的数字是认得的，可这数字所代表的时间概念却完全不知，认表而不"认里"。

待到天晚了，妈妈们纷纷招呼孩子回家，可这一开口，说的全是"走了，天晚了""该回家了，已经晚了""不早了，大家都要走了"……孩子们依依不舍，显然都不愿意离开，妈妈们则纷纷都很着急，口中不断重复"晚了"，一时间"孩子团"和"妈妈团"竟也是僵持不下的局面。

之所以会造成这样的局面，其实主要责任还是在我们，"晚了"这个时间意义太模糊了，孩子不会认同这样的时间，自然也就不服从。如果在四五岁的时候我们还没有开始给孩子熟悉时间概念的机会，那么他的时间观念当然也就不会形成。

所以这时候起，我们也应该对孩子形成时间观念这件事重视起来了，而这个切入点，我们完全可以从让孩子去熟悉时间所带给他的感觉开始。

比如，可以经常对孩子说"到……时候为止"，这样的表达会让孩子意识到他做的事情不是无限定的而是有限定的，事情的起止是从一个时间点到另一个时间点，不是一个"晚了"这样的模糊的限定。

这样经历得多了，孩子会渐渐地意识到日常做事都是要有时间限制的，而他自己也会开始习惯用时间来衡量他做事的频率与速度。

要实现这样的目标，可以通过以下几点来进行尝试：

第一，生活中有意识地多采用正确的时间表述方式来提醒孩子。

"不早了""已经晚了""还有时间""时间不够了"……这些说法原本都意味着我们对时间的一种重视的态度。态度是没问题了，但我们还要选对表达方式，不要这么笼统模糊地表达这样一种态度，要换成更为清晰明确的方式，在提醒孩子注意时间的时候，有意识地多加入时间单位，多用明确的时间表述，会让孩子对时间有更为清晰的认识。

比如，"你可以再玩十分钟，到时间妈妈就要叫你回家""还有半个小时，就该关掉电视了""到八点半的时候，你应该上床睡觉"，类似这样的说法会很清楚地将每一个时间的限定都表达了出来，如果能经常这样给孩子提醒，那么时间观念就会逐渐在他头脑中扎根。

第二，为事情设立合理的时间起止点。

对于孩子来讲，他喜欢做的事情，肯定是巴不得早点儿开始、晚点儿结束；不喜欢做的事情，那就越晚开始越好、越早结束越好。

第三章 在对的时间做对的事情

要培养良好的时间观念，凭自己的喜好去判断时间的长短是不靠谱的，也并不符合做事有始有终这样的概念。所以，我们应该帮孩子为他所做的事情设立合理的时间起止点，如果是他喜欢的事情，那就多斟酌一下，不要让他耗费太多时间，让他知道适可而止；如果是他不喜欢的事情，则根据他的能力，选择合适的时间段，多加鼓励，争取让他能顺利完成。

有的妈妈可能会对孩子说"做完作业你就能玩了"，有的妈妈也可能会说"别玩太晚，你还有作业要做"，这样的两种说法都会让孩子感觉到沮丧，那么我们就不如把时间限定出来，让孩子知道，玩是有时间限制的，但是学习也同样是需要有始有终的，孩子也会在自己的内心衡量，一旦他习惯了这种时间的限定，他的生活也会规律起来，也就不会因为玩和学习的时间冲突而感觉沮丧了。

第三，如无特殊情况，尽量严格执行预先设定好的时间起止点。

你一定遇到过很多次这样的情况，提醒孩子"到点了，该走了"，孩子说"再玩五分钟"，或者你提醒他"你该写作业了"，他反而央求你"妈妈，再过一会儿我肯定去"。不管是喜欢做的事情还是不喜欢做的事情，他都会拖延时间，对于喜欢的事情，他希望借助拖延来让自己多享受一会儿；对于不喜欢的事情，他则通过拖延来减少或错后接触。

如果想要培养孩子正确的时间观念，就要阻止他的这些拖延表现。设定好了时间，和他说好了"到……时候为止"，那么如果没有特殊情况，我们便要坚持最初定好的这个规则，不要因为孩子的央求就心软。当然，为了阻止这种情况发生，我们可以在事情开始前就和孩子反复强调，提醒他，不要因为他不愿意就更改终止或起始的时间，他要按时去做这件事情。

现在做不到，以后就可以了

——"成长"是时间赐予每个人的礼物

回想一下自己小时候，你一定也有过"我怎么还没长大""等我长大以后就做到了"一类的想法。就好比开关灯这件最简单的事情，小时候的我们个子矮小，够不到开关，长大一些，踮着脚尖就能够到了，再之后我们可以毫不费力地伸手就能摸到开关，再然后开关灯已经成了不需要我们再费力去做的一件小事。这就是成长送给我们的礼物，伴随着成长，很多事情都如开关灯这样，从不可能变成了可能，从做不到变成了没问题。

跟小时候的我们一样，我们的孩子有时候也会有这样的一些烦恼，他也会抱怨自己做不到很多事，有的孩子还可能会借助自己的做不到来逃避一些责任。但是生命就是这样一个奇妙的过程，它会巧妙地安排时间和机会，只要孩子也顺应这些安排，并积极配合，在合适的时间做合适的事，然后时间就会赐予他"成长"这个礼物。

适时给孩子提个醒，让他意识到，他总会成长的。

第三章 在对的时间做对的事情

第一，告诉孩子："你总会成长的，也许比别人快一点，也许比别人慢一点，但你终归会与现在有所不同。"

到了幼儿园大班时，孩子们就会有一种不自觉的比较，别的小朋友有的，我也要有，否则就会感觉委屈。就像一位妈妈讲的，"幼儿园举行活动，我路上堵车，晚去了一会儿，等我到的时候，全班小朋友都在自己爸爸妈妈或爷爷奶奶身边，只有我的女儿孤零零地和副班老师待在一起，在看见我的那一刹那，她的眼泪就掉了下来。但我知道她并不是害怕，而是觉得自己'与众不同'了，别的小朋友都和亲人在一起，她是个例外，这种和别人不一样的感觉才是她哭泣的主要原因。"

事实也的确是如此，孩子们在一起，有的孩子会写字了，那么不会的孩子就会觉得很别扭；有的孩子能够熟练背诵诗歌了，还不会背的孩子就会感觉沮丧。这时他们可能就会抱怨说"为什么我做不到"。作为大人，我们要先放下焦虑，因为孩子的成长自有其独特的规律，可能快一些，可能慢一些，安慰孩子不要着急，一切按部就班，自然会见成效。

第二，告诉孩子："机不可失，时不再来，不要因为贪玩而错过了成长的良机。"

孩子何时才能真正自己主动对学习重视起来，并产生足够的自觉性呢？从我们的经验来看，多半要到三年级之后了。在这之前，我们对他的督促非常重要。越是小的孩子越爱玩。而一味贪玩，就可能让他错过本可以成长的好时机。

比如小学一年级，尽管学的都是一些基础性的知识，但如果在大家都学习的时候，孩子一心只想着玩，那么这个平等的学习机会就等于被孩子自己主动放弃了，学了的孩子势必会有进步，没学的孩子这段时间就白白被浪费掉了，自然也就没有进步了，若想要进步就需要占用后续的时间，这就使得孩子因为错过前面一个机会而不断地错过后续更多的机会。

所以，孩子的成长需要他能抓住一个又一个机会。提醒孩子，当合适的时机到来时，就要抓住这个机会。让孩子明白，专心去做合适的事情非常重要，尽量不要错过成长道路上那些特定的好时机。

第三，告诉孩子："每一个'做不到'都是一个进步的好机会，不要轻易放弃与逃避。"

因为做不到，有的孩子宁愿放弃，也不愿意让自己费劲。这样的想法与他本身的性格有关，但也并非不可改变。此时我们的鼓励非常重要，要让孩子知道没有什么是他做不到的，只有他不想做的事情。

所以，我们要多给孩子一些练习的机会，不与别人家的孩子比较，也不去贬低自己家的孩子，只是让孩子专注于努力就好。

当然，我们也可以给孩子做一些"示范"，因为我们做不到的事也很多，在孩子面前也表现一下，让他看看我们是怎么从做不到变成做得到的，通过我们的表现，也能让他明白"事在人为"这个道理。

第四章
利用时间的技巧和方法
——如何提高孩子的做事效率？

时间看不见摸不到，却又会给人们带来许多烦恼。如果不能好好利用时间，就会反过来受到时间的限制，成为时间的奴隶。孩子的人生刚刚起步，在最开始的时候，教他学会有技巧、有方法地利用时间，提高做事效率，这对于他日后的人生发展将会大有裨益。

我今天要做这些事

——制定每天要完成的事件清单

在没有养成好习惯之前，其实孩子每天并不知道自己要做什么事，他的生活就是"随心所欲"。但孩子每天也是有很多事情要做的，即便是幼儿园的孩子，也需要好好安排，他才不会觉得过得无聊，哪怕是玩耍，也需要安排好了才能玩得尽兴，而不是想到哪里就玩儿到哪里。

这个时候，我们就需要借助一样工具来帮助孩子实现"尽兴"的目标了，这个工具就是"事件清单"。按照清单做事，一天下来既不会着急忙慌，所有的事情也都能按部就班地完成，日子过得充实，自己内心也很踏实，同时也让自己的生活变得很有成就感。

是不是很美好呢？那不妨从现在开始就教孩子学着制定清单吧！

首先，教孩子归总一天要做的事情。

一天到底有多少事要做？一天真的有那么多事情可做吗？孩子对于

第四章 利用时间的技巧和方法

"一天"这个概念其实也不是那么明白的，在孩子要列清单之前，应该先教他去归总一天里要做的事情都有哪些。

对于还在上幼儿园但即将要上小学的孩子来说，一天的事情可能还没有那么多，那么在归总这些事情的时候，可以引导孩子自己来想，就拿休息日来说，早起起床、洗漱、吃饭，收拾玩具、书本，做游戏，出去玩或者帮妈妈干活，吃饭午睡，看书，看动画片……这些内容可能就是这个时期孩子一天的主要精力投放点，让孩子自己想想一天下来他都要做些什么，让他的头脑中先有一个大概的安排。

对于已经开始上小学的孩子，学生生涯也不过刚开始，所以他可能还是更愿意多玩一会儿，这时我们就要提醒他，在他一天准备要做的事情中，将学习的内容也安排进去。

其次，引导孩子合理安排清单，并尽量按照清单的安排去做。

列清单也要有考量，并不是说把想到的事情一股脑都列下来就可以了，清单也要列得合理，至少让自己有想要去完成的意愿，让自己不会因为这个清单而感觉"一天要这么忙好烦"。

提醒孩子事情的安排要互相穿插着来，比如对于已经入学的孩子来说，如果清单上一开始全是写作业、看书甚至还有上辅导班，那么孩子就会觉得厌烦不已；而如果清单一开始又全是玩，后面全是学习的内容，他又会因为玩得太野而收不回心来。所以，列清单要讲究张弛有度，也就是说，"做正事"的时间、悠闲地玩的时间最好能穿插进行。对于还没有上学的孩子，也要有比较固定的看书时间（只要孩子看就好，妈妈不要有功利心，不必非得让他学会什么），或者跟着妈妈学做事的时间，游戏玩耍的时间则穿插其中比较好。

清单一旦列出来，就要提醒孩子认真执行，除非有特殊情况，否则不要随意改动清单内容，尤其是对于小学生来说，与学习有关的内容是不能随意撤换的。坚持每天或每隔一段时间（每三天、一周等）制定并执行清单，会让孩子逐渐习惯这种井井有条的生活的感觉。

再次，每天结束清单事项之后和孩子一起进行总结。

完成清单上的所有事项之后，最好和孩子来一次总结。总结的目的是为了让孩子检查清单上所列事项是否合理，以及他在执行清单过程中是否认真。

总结的时候，可以让孩子对照清单来回忆，我们在一旁提醒、鼓励即可。培养孩子有条理地生活需要一定的过程，孩子要适应并习惯才行，所以他做得不好，提醒他就是了，同时肯定他做得不错的地方。总结的目的就是为了让孩子看看自己在清单帮助下度过了怎样充实的一天。

刚开始执行清单的孩子肯定做不到那么好，而且五六岁的孩子，本身的自我约束能力就有待提升，所以我们也不必太较真。

最后，鼓励孩子养成凡事列计划清单的好习惯。

事先计划做到未雨绸缪，这是提升办事效率的一个绝佳方法。而生活中如果能事事有清单、处处有计划，那么孩子在做任何事时都能心里有

第四章 利用时间的技巧和方法

底，知道下一步要做什么，这样就不会慌乱，更不会茫然不知所措。所以，列计划清单对于孩子处事能力的提升是有好处的，更能帮助他学会打理生活。

要鼓励孩子养成这样的好习惯，我们自己也要努力做到这样有计划的生活，为孩子呈现一个井井有条的家庭环境，孩子置身其中自然也会感受颇深。

孩子不会管理时间，妈妈怎么办？

这些事情也是有先后顺序的
——按照事情的轻重缓急来安排时间

作为成年人，我们在做事的时候会明确事情的轻重缓急，重要的、急切的事情都应该先行完成，不重要的、轻松的事情都可以缓一缓。但是孩子对于事情的性质并没有准确的判断，在我们看来原本是很重要、很着急的事情，可在他眼中却并非如此。

来看下面这个场景中妈妈和孩子的反应：

早上孩子自己穿鞋的时候，忽然发现鞋面上有一个小贴纸，他开始抠起了小贴纸，鞋子也只穿了一只脚。妈妈看孩子上学快要迟到了，而自己上班的时间也紧迫，便忙碌地跑来跑去，收拾自己的东西，连带着帮孩子把书包拿了起来。可一看孩子，却发现他还在抠鞋子上的小贴纸。

妈妈忍不住高声喊道："都快迟到了，你干什么呢？"

孩子说："我鞋子上有贴纸，我想撕下来。"

妈妈一把把孩子的鞋子夺过来,赶紧给他穿好,着急地说:"贴纸什么时候不能撕!你迟到了,我也快迟到了!赶紧的!"

说完,妈妈拽着孩子的手出了家门,孩子还想着小贴纸的事,走路也磕磕绊绊。

我们觉得不迟到是最重要的事,可孩子明显认为先把鞋上的贴纸撕掉才是当下重要的事。对于事件性质的判断不符合社会标准,很容易会让孩子错过重要的机会。

所以,在安排时间的时候,我们还需要教孩子学会给事情分分类,分清轻重缓急,才能让他对时间的安排变得井井有条起来。

首先,跟孩子讲明白什么是"轻重缓急"。

什么事是重要的?什么事是紧急的?什么事可以暂缓?什么事可以不去考虑?我们需要先根据孩子的理解能力,采用他能接纳的讲解方式,让他对事情的不同种类有一个基本的认知。

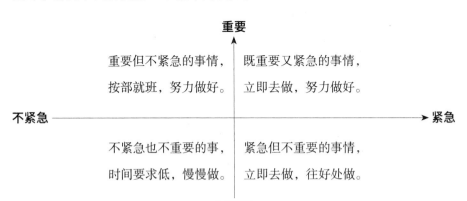

重要而又紧急的事，不做不行，这就要求我们立即去做，并且要努力去做好；重要但不紧急的事，可以按部就班去做，但也要努力做好；紧急但不重要的事，也要立刻去做，并且要做好，但对结果的要求不是很高；不紧急也不重要的事，时间和质量要求都比较低，可以慢慢做。

我们可以按照事情的紧急程度给这些事情排个先后顺序：重要且紧急的事，排第一；紧急而不重要的事，排第二；重要而不紧急的事，排第三；不紧急也不重要的事，排第四。还可以按照做事之后所要求的效果来排序：重要且紧急的事，排第一；重要而不紧急的事，排第二；紧急而不重要的事，排第三；不紧急也不重要的事，排第四。当然，这也是大致的一个排序，还是要根据具体事情来做最终次序界定。

其次，帮助孩子给事情分类。

经过前面的介绍，孩子对事情的类别应该会有一个大概的区分。比如前文提到的例子中，立刻出门上学就是紧急而又重要的事情，把鞋子上的小贴纸撕下来就是不紧急也不重要的事情。我们需要帮孩子理解为什么有些事是重要的，而另外一些事就是不重要的、可有可无的，这样孩子才能正确判断事情的轻重缓急。

当然，在不同时刻之下，同一件事的重要程度可能会有所不同。比如，正常的情况下，学习对于学生是重要的；可遇到危险了，地震或者台风来了，那孩子就应该先把人身安危放在首位，学习的事情要等相对安全了再去考虑。

第四章 利用时间的技巧和方法

再次,引导孩子按照事情的轻重缓急来安排时间。

按照事情的轻重缓急来安排时间,是提醒孩子要根据事情的性质,合理分配时间,既不会浪费时间,又能保证各种事情的完成。

提醒孩子根据事情的性质来安排时间,却并不一定要把重要的事情全都放在前面去做。时间的安排应该是灵活的,除了急切的事情必须先做之外,可以把重要的事情放在前面去做,但如果不是很紧急,也可以将其他不重要的事情完成之后,再集中精力去做重要的事情。而具体的时间安排全要看孩子的具体情况,也就是说孩子要学会适时而动。

最后,偶尔也让孩子体会一下不按轻重缓急顺序安排的后果。

孩子对时间的安排会逐渐熟练起来,所以一开始会出问题是很常见的事情。有的妈妈不愿意看见孩子出问题,就会替他安排,也会对他的安排指手画脚,这种强硬的干涉要么让孩子产生依赖心理,要么让他开始厌恶这种安排。

其实,偶尔让孩子体会自己对时间错乱安排所导致的后果也不错。比如,孩子把写作业这件重要的事情放在所有事情的最后去做,先只顾着玩,只顾着做其他事,等到一天快结束了才去写作业,结果因时间不够用导致作业质量不高甚至完不成。这样的后果是他的睡眠时间受到影响,或者因为作业没完成而受到老师的批评。

当孩子能品尝到这种错误安排的后果后,下次就知道如何去调整了。

时间管理的小窍门
——永远做最重要而不紧急的事情

在进行时间安排的时候,我们通常会按照轻重缓急将事情进行分类,有既重要也紧急的事情,有既不重要也不紧急的事情,对于前者我们当然是竭尽所能尽快去办,而对于后者则是可做可不做,一切全看时间的剩余量。但是在这两类事情中间,还有两类事情是需要我们仔细去评估的,一种是很紧急可却并不重要的事情,一种则是很重要但却并不紧急的事情。

先来说很紧急却并不重要的事情,比如,孩子正在看书,突然有朋友来邀请他去看电影,时间眼看就到了。如果孩子丢下书本去看了电影,少看一部分书,便可能少学一部分内容,同时因为电影而耽误了原本安排好的各种事项,又使得孩子原有的计划被打乱,导致后续很多事情可能就没法完成了。另外,孩子因为别人的介入就随意打乱自己的生活,这也是他没有主见的一种表现。所以,对于这一类事情,需要孩子考量清楚之后再去做。

第四章 利用时间的技巧和方法

而重要但并不紧急的事情,则要求孩子具备更多的积极性与自觉性,因为这一类事情往往都需要孩子付出足够多的时间精力。比如,读书、锻炼身体、健康饮食,这些事情都并不紧迫,做得好了足够影响孩子一生,可一旦做不好,不管是被拖延了还是被放弃了,那么等到真的出问题时,孩子就会后悔不已。到那时候,一些原本并不紧急的事情可能也会变得紧急起来。比如,很多孩子临考试前抱佛脚,原本可以在一两个月前就应该开始看的书,等到最后一星期甚至最后几天才开始看,哪怕再急切,也不可能把这些内容都看完看透,这便是把重要但不紧急的事情硬生生变成了重要且紧急甚至是迫切的事情了,原本可以游刃有余地应对考试,结果却不得不匆忙上阵,结果自然也不会如孩子所愿。所以能不能处理好重要但不紧迫的事情,正是一个人个人时间管理的核心所在。

这也就是说,孩子如果能将事情在该处理的时候及时处理好,就不会让某些事情原本的性质发生变化,从而按部就班,甚至可能会出现超额完成任务的情况,还会有更多时间去做更多的事情。

显然,若是通过合理的时间管理,孩子能一直做好这样的重要但不紧迫的事情,那么他不管是学习还是生活,又或者是日后的工作,都将能做到游刃有余,这也意味着他正在成长为一个优秀的人。所以,要教孩子掌握一个时间管理的小窍门——通过合理规划,永远做最重要而不紧急的事情。

要孩子真正实现这一点,就要引导他做到以下几点:

第一,要有努力做事的意愿。

孩子首先应该是一个愿意付出的人,他要有想要行动起来的意愿,有想要好好做事的想法,而不是得过且过"到时候再说"。所以,孩子要变得主动起来，主动去做更多的事情，除了那些被他列进日程中的，还有没有列进日程中的，他都要有想要尽快去做并尽量高效完成的意愿，这样他才能保证更快更好地完成，而不会把事情拖拉到不得不做的地步。

第二，先做最重要的事情，完成之后再想其他事情。

虽然有些重要的事不一定要先做，可以在完成其他不重要而紧急的事情后再专心致志地做。但是，孩子也要有自己的判断与选择，而且要有自觉性，因为有时候孩子先做不重要的事情可能会让孩子的心思变得悠闲起来，或者在不重要但紧急的事情上花费了太多时间而导致自己没有精力再做重要的事。而如果一直忙于应付不重要而紧急的事情，那就更麻烦了，那些重要而不紧急的事情最终都会让孩子疲于应对。

如果孩子的自控能力差，那在安排事项的时候，就可以将最重要的事情安排在先，专心致志地做完这一件事之后，再去做下一件比较重要的事，做完之后再去做次一级重要的事，以此类推。

第三，学会预留时间和随机应变。

事情的发生发展总是会出人意料的，总有一些事会突然出现。这时，孩子可以先暂停手边的事情去完成这突发事件。但是过后就要提醒他思考，他自己原本的安排有没有受到影响，如果有，那么孩子就要训练自己随机应变的能力。

同时，也要提醒孩子学会预留时间，也就是在安排一天要做的事情时，不要将时间排得满满当当，而是要留出一部分时间来以备不时之需，以保证自己即便遇到突发情况也能尽量圆满地完成当天的安排,而不会变得手忙脚乱,甚至是错过自己安排好的重要的事情。

要帮助孩子建立起"做要事而不做急事"这样的观念,要让他明确什么是自己当下最重要的事情,并且能够付出足够的时间和精力去完成。

第四,把"永远做最重要而不紧急的事情"作为做事准则。

前面几条做到之后,再提升一级,那就是"永远做最重要而不紧急的事情"。合理安排事情,给自己留出从容应对的时间,即使是重要而紧急的事情,在高效利用时间而又统筹安排之后,也会变成重要而不紧急的事。

这里需要注意几个要点:第一,不要想着把所有的事情都做完,要分出主次;第二,手边的事情并不一定都是最重要的事,还是要分出主次;第三,提前规划好未来要做的事,比如,这一周规划好下一周要做的事,今晚规划好明天要做的事,还是要分出主次;第四,当天做事,先做最重要的,不要顾及其他,第一件做完后,再做第二件,以此类推,永远不温不火地做事。

需要强调的是,要教孩子把这样的做事准则融入日常行为中,直到形成做事规律甚至生活规律的好习惯。从小就具备这样做事的特质,孩子在做事时就会气定神闲,甚至轻轻松松就把大事、要事都做得完美无缺,而不是像其他孩子那样一直忙个不停,尽管焦头烂额,但依旧不出成绩。当然,这需要一个过程,做妈妈的也应该让自己具备这样的能力,与孩子一起切磋、一起进步。好习惯的养成其实并不难,只要用心,只要坚持,而好习惯一旦养成,将会成为我们一生的财富。

大概需要多久？
——教孩子学会预估时间，控制时间节奏

有一位妈妈讲了这样一段经历：

我上小学的时候，有一段时间下午上学总是迟到，是因为当时我上学的路上会经过好几棵核桃树。那时候刚好青核桃长出来，有人去打核桃，我就在树下看，有时候还能得到几个核桃。我每次都告诉自己"就看几分钟"，但是我对时间的预估是有问题的，自己以为的几分钟，实际上却总会看上半个小时，结果等我到学校的时候肯定就迟到了。

之所以会想起这一段，是因为我发现，现在我的孩子对于时间的估计也和我一样是有问题的，他自己说要看20分钟的书，然后再看1个小时的动画片，可是他只看了两眼书的时候，就说时间到了，好说歹说让他坚持看完20分钟，等到看动画片的时候

第四章 利用时间的技巧和方法

就完全反过来了,已经超过了1个小时,他却说"刚看了一小会儿"。

我回忆自己也是长大后才学会预估时间,之前也是错过了很多机会,现在我希望孩子能够早日学会这个技能,可以真正掌控属于他的时间节奏。

我们总说要更好地安排时间,但实际上,安排时间的前提就是要做好对时间的预估,因为只有掌握做每件事大概需要的时间,才可能把时间安排得既不会紧张忙乱也不会松散无聊。我们可以通过对孩子开展预估时间的训练来培养他的这项能力。

训练第一步,帮助孩子了解他做事需要的时间。

首先要提醒孩子列出他都需要做哪些事,然后在孩子做事的时候,使用身边一切可以计时的工具,帮助他记录一件事从开始到结束所需要的时间。

将每一件事的时间都记录下来,然后等一切告一段落之后,再和他一起针对每件事所消耗的时长进行回忆和讨论。

如果有的事情耗时太长,就要让孩子想一想,这件事是本来就需要这么久的时间,还是因为其他原因导致时间被浪费掉了,直到最终得到做这一件事所需要的基本时间。

训练第二步,鼓励孩子在已经计算出的时间内去做事。

既然已经知道做一件事基本需要的时间,那就要让孩子习惯他自己的这种做事节奏，否则经常变换时间安排的长短，也会打乱孩子对时间的感觉。

就拿刷牙这件小事来说，第一天孩子用了 5 分钟，第二天却用了 8 分钟，第三天又只用了 3 分钟，总是变换的时间节奏，其实也意味着孩子还是对时间没有意识。如果确定刷牙就是要用 5 分钟，那么日后我们也要督促孩子保持这样的一个速度频率，让他养成良好的习惯。

训练第三步，引导孩子认识自己的能力。

前面的训练，是让孩子掌握固定的时间，只有把握好自己固定需要的时间，才可能更好地安排这些时间以外的时间。而这一步要对孩子进行的训练，则是针对固定时间以外的时间。

我们需要让孩子了解自己的能力，比如有的孩子行动迅速，那么他在做任何事的时候所需要的时间可能就短；而有的孩子是慢性子，做事就快不起来，那么他所需要的时间相对就要长一些。而具体需要多少时间，还是要看孩子自己。

所以，要引导孩子关注自己的做事速度，提醒他注意自己的行动能力。不过孩子的能力也是会变化的，当他越来越熟练后，他的速度就会有所提升，而随着能做到的事情越来越多，他的行动也将变得越来越灵活，因此，要鼓励孩子将这些变量也考虑在内。

训练第四步，教孩子学会统筹，合理安排时间。

在做练习的时候，我们可以给孩子一些提示，提醒他注意最终需要的时间都由哪几部分构成。比如，洗漱、吃饭等固定的那部分时间，他要做的事情有哪些，分别大概需要多久；当天需要做的事情的那部分时间，要根据自己的能力来判定，大概需要多久；另外还要有一部分灵活机动的时间，用以处理突发状况，那么这一部分时间也要参照他的能力来预留；等等。

另外有些时候，有些事可以同步进行。比如，烧一壶开水、穿衣服、整理书包这三件事，烧水的这 10 分钟里，实际上就包括了穿衣服、整理书包的时间，那么孩子就只需要留出"烧水"的时间就足够了。也就是说，时间的规划上也需要灵活一些，虽然时间有限，但怎样更合理地利用，孩子还需要多动脑筋，当然也需要他有更多的生活经历才行。这同时也是在提醒我们，要多给孩子自己动手、自己思考、自己总结的时间。

时间就像海绵里的水

——巧妙利用剩余时间、零碎时间

真正会利用时间的人,其实并不只体现在大块时间的运用上,因为对于一般人来说,完整的大块时间的使用效率,基本上相差不会太大。

比如,我们都知道到工作时间就要完成工作量,到了学习时间就要完成这一部分的学习内容,这是一种约定俗成的认知。所以,对整块时间,人人都是有一定基本的认知的。

一个人是否会利用时间,恰恰体现在他能否对那些不起眼的零碎时间的合理运用上。也就是说,每个人所拥有的时间是一样的,但就看谁能利用更多的零碎时间来提升自我,那么谁就是那个收获最多的人。

绝大多数孩子并没有"零碎的时间""剩余的时间"这样的概念,不管是上幼儿园还是上小学的孩子,在他看来,只要是走进幼儿园或学校,那么这段时间是他可利用的,一旦走出幼儿园或学校的大门,剩下的时间就都是不需要再利用的了。很多孩子正是带着这样的想法来度过每一天的,

第四章 利用时间的技巧和方法

所以每天他都有大把的零碎时间、剩余时间被浪费了。

如果孩子也可以将这些小块的时间充分利用起来,那么他的生活也会变得丰富而充实起来。怎样教孩子利用好零碎的小块时间呢?

首先,向孩子展示生活中的零碎时间。

时间还有零碎的吗?有的。我们可以很肯定地告诉孩子并展示给他看。比如,早上起床后,洗脸、刷牙、上厕所的时间;走路、坐车、等车的时间;做完工作之后的活动和休息时间;吃饭前、睡前、排队时候的时间;等等,这些时间都可以被利用起来。

另外还有这样的剩余时间,比如,工作或者学习原本预定要一个小时完成,但由于我们效率比较高,提前了15分钟,那么这剩下的15分钟就是很好的零碎时间,就可以被用来做其他事情。

其次,跟孩子讲解零碎时间的使用方法。

零碎时间往往都不长,不过几分钟、十几分钟而已,对于孩子来说,可能不够他玩一个游戏,也不够他看一集动画片,那这个时间能干什么用呢?

可以这样,早上起床后,一边刷牙、洗脸、上厕所,一边播放新闻了解时事动态,或者放中华传统经典作品的音频、儿童英语等音频,或者在脑子里默默地给一天做个小计划,还可以回忆头一天的学习内容以便与今天的内容进行交接。或者等车、坐车时,除了关注车次和自己及他人的人身安全外,剩下的时间就可以用来看书、听音频,也可以进行简单的思考。

正因为是零碎时间,所以不太适合做很麻烦的事,所以我们需要教孩子在这些时间里去做一些小事，或者进行一些知识的积累。

再次，引导孩子自己去寻找零碎时间。

零碎时间并非固定的，恰恰相反，零碎时间是灵活而机动的。

所以，孩子不需要刻意去寻找或者预留时间，而是要在保证正常时间内的学习、生活不受影响的前提下，再去发现并利用起零碎时间来。

家长可以给他一些小提示，比如，当他提前完成了学习任务，不知道该干什么了，我们就提醒他这段被他空出来的时间他可以用来做些什么，并让孩子留心，以后再有类似的情况出现他也可以做类似这样的处理。

经常的提醒与引导，让孩子形成一种会去关注零碎时间的意识，这有助于他对零碎时间的利用。

最后，提醒孩子即便是零碎时间也要过得有意义。

正因为零碎时间做的都是小事情，所以有的孩子可能把零碎时间都用来玩耍了。即便是零碎时间，如果积少成多，也是很有意义的。所以，有效、高效利用零碎时间也是很重要的。

给孩子一些建议，比如读书。读书是很好地利用零碎时间的方式，不管这零碎时间有多短，哪怕只读一页，也是在把书里的知识积累起来，这是很有意义的度过零碎时间的方式。又或者是进行一些自学活动，不管是外语、绘画，还是其他内容的学习，将零碎时间有效利用起来，积少成多总会有收获。

第五章
让孩子跟拖拖拉拉说再见
——根治孩子磨蹭的方法

说到孩子对时间的运用,有一个问题是我们必须面对的,那就是孩子的拖拉问题。拖拖拉拉几乎成了孩子们的通病。引导孩子能够更好地利用时间,让他远离拖拉,与拖拉彻底断绝关系,是我们必须重视和做好的一件事。

妈妈，我好像真是挺慢的
—— 观察与分析孩子的拖拉情况

如果没人提醒，拖拉的孩子并不会意识到自己的拖拉问题。直到他与周围的同龄小伙伴比较过之后，比如大家同时做一项任务，别人都做完了，只有他还没做完，这时候他才会意识到，自己真的是挺慢的。

拖拉的孩子一般有这样几个表现：

对约定好的时间无感——拖拉的孩子对时间是没有感觉的，即使告诉他几点完成，他也没有意识去提高效率。换种说法，其实就是孩子对时间不敏感。

一心只想着玩——如果要问是什么导致了孩子的拖拉，那么玩一定是最主要的一个原因。正因为他心思没在需要做的事情上，大量的时间都消耗在玩上了，所以他才没法完成正常的学习任务和生活中要做的事。

有各种借口来掩盖拖拉——"我不会""我就是做不完""我不喜欢"……拖拉的孩子总能找到各种借口，让自己拖拉的行为看上去合情合理。

总是懒散的样子——拖拉的孩子永远紧张不起来,这样的状态其实非常消极,会在不知不觉中消磨掉孩子对很多事的热情。

更重要的是,拖拉是一个很容易就形成的习惯,而且拖拉久了,当孩子发现自己追赶无望的时候,他也会很容易放弃,这会让孩子变得更加懒散,更加没有努力向上的动力。

所以,仔细观察一下我们身边的孩子,如果发现他不仅行动慢,而且开始有以上的表现,且总是懒散没有精气神,那么我们就要多注意一下了,没准儿孩子已经养成了拖拉的习惯。

那么,到底是什么原因造成了孩子的拖拉呢?

第一,孩子本身的性格所致。

急性子的孩子拖拉的概率很低,慢性子的孩子就不一定了,有些慢性子的孩子做什么都慢吞吞的,而且并不觉得自己这样有什么不对,这样的孩子如果放任不管,就会养成拖拉的坏习惯。

第二,孩子对事情的态度所致。

有的孩子其实很机灵,行动也算不上缓慢,但是他经历过几次顺风顺水的事情之后,也容易拖拉。比如,做作业的时候,如果他发现自己每次都能很快地完成,他就会认为这些事情对于他来说是"小菜一碟",那他就会懈怠下来,觉得没有什么挑战,或者觉得自己在作业上完全游刃有余,便不再那么认真,一旦他放松下来,就会变得拖拉。

看看龟兔赛跑中的那只兔子，我们就能理解这种孩子拖拉的原因了，正是因为对自己太自信，把事情看得太轻，才导致了他的拖拉。

还有一种恰恰相反的情况，孩子做一件事情，发现自己做不到、做不对、做不好，他心生烦躁并就此放弃，也可能他从此以后会对自己的能力产生错误的判断，觉得自己"反正什么都做不好，还那么努力干什么"，于是就放弃努力，开始拖拉。

第三，家长的过度操心所致。

看见孩子动作慢，很多妈妈都会很着急，有的不断指责，有的干脆直接代劳。尤其是代劳的妈妈，其实就相当于给了孩子一个很好的拖拉的借口，他会借此放弃自己的努力，专心依赖于妈妈的帮助。

也正因为妈妈不断帮忙，让孩子没有了锻炼机会，能力越来越差。一旦需要他自己动手去做一些事情了，当然会因为不熟练甚至于不会而笨手笨脚，也就显得拖拉了。这一拖拉，妈妈会更着急，于是一个恶性循环就此开始。

以上只是三种比较大众的原因，孩子拖拉是否有其他的原因，还需要家长自己去观察与思考。根据孩子拖拉的表现，找对拖拉的原因，才能从根本上解决这个问题，让孩子摆脱拖拉，成为时间的主人。

时间表是什么？

——帮孩子进行合理的时间安排

进行合理的时间安排，仅靠大脑简单地思考和总结，对于一般人来说都不能算是一件容易的事，更别说幼儿园后期、小学初期的孩子了。要想更好地安排时间，制作时间表是一个不错的选择。

制作时间表是管理时间的一种方式。在很多人看来，时间表是一个非常有用的工具。它可以把某一段时间内的工作任务清晰地排列出来，有了它的提醒，我们就可以按部就班地将一项又一项工作有序完成，既保证了任务不被遗漏又保证了时间不被浪费。

事实上，孩子的事情远没有成年人那么复杂烦琐，所以只要使用时间表，他的事情几乎可以一目了然十分清晰地排列下来。思维简单的孩子，面对如此清晰明了的时间安排，相信也能按时完成时间表上安排的各项事务。

若要实现这一点，如何安排时间表就显得至关重要，应该怎么帮助孩子安排属于他自己的时间表呢?时间表安排好了又该如何运用呢?

首先,和孩子一起商量要把什么事情列入时间表。

既然是给孩子的时间表,那就一定要让孩子参与到时间表的制作中来,而不是由我们给他将一切安排妥当。时间范围最好是一天,可以先让孩子列出要做的事情,然后我们给出建议和补充,再让孩子自己去完善表格中所列的事情。提醒孩子事情不要列得太多,要根据自己的能力来,但也不要列得太少,否则会浪费时间。

具体事情的范围包括洗漱、吃饭、学习、家务、休息、娱乐、睡觉等各项内容,尤其注意学习与娱乐的时间,我们要和孩子商量好,以免他做出错误的选择。当然时间安排也要张弛有度,事件的安排要劳逸结合,这样安排的时间表才能发挥最大的作用。

其次,帮着孩子做一个让他满意的时间表。

这里所说的"满意",是指视觉效果。孩子愿意去看、去关注,他才能把其中的内容放在心上,干巴巴一张白纸,上面列出一条又一条,孩子反而会觉得那是命令,而非他自己愿意去做的事情。

所以我们也动动脑筋,给孩子做一张漂亮的时间表:内容表述要"漂亮",把任务清晰明确地表达出来,也可以带一些鼓励的话语;时间表的制作也要"漂亮",画一些小花之类的装饰,或者贴上孩子喜欢的一两个贴纸,让他觉得这是一件很正式、很耐看的东西。

第五章 让孩子跟拖拖拉拉说再见

再次，采取一些有效的方式督促孩子按照时间表去做。

孩子对新鲜的事物都会好奇，所以时间表刚新鲜"出炉"的时候他会产生浓厚的兴趣并愿意按照表去做，但他的兴趣可能也就只能维持到做完表上一两件事，尤其是在经历一件用时比较长的事情之后，他也许就会心生厌倦想放弃了。

所以，我们也要采取一些积极有效的方式来督促他按照时间表的安排去做。比如，用笔画一些小爱心或者小花朵来标示孩子已经完成的任务，或者用小贴画遮盖已经做好的事情，孩子看到他自己经过努力完成了时间表上列的一部分任务，也许就会产生新的动力。

最后，把时间表看成是助力工具而非惩罚工具。

有位妈妈看到孩子在浪费时间，就说："下次做个时间表，你必须按照表去做，如果有一件事没有跟着时间表走，看我怎么收拾你。"如果我们是带着这样的态度来帮孩子制作时间表的，他多半都会觉得时间表就是妈妈惩罚的新方式，那么时间表所起到的作用就变了味道。

要让孩子感觉时间表是帮助他把混乱的生活变得有序的工具，是对他有益的，而不是对他的约束甚至是惩罚。所以，我们在督促孩子按照时间表去做事的时候，也要注意自己的表达方式，鼓励孩子多看到时间表带给他的益处，让他感到按照时间表去做事情，还是有不少收获的。

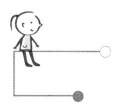

原来我可以做到这么多事啊

——教孩子学会高效利用时间

人们总说,"如果不努力拼一下,你永远都不知道自己到底有多优秀。"把这句话用在孩子身上,同样也是适用的,如果不让孩子体会一下对时间的高效利用,他永远都不知道自己原来可以做那么多事。

因为年龄和阅历有限,孩子们对自己所拥有的时间并不那么看重,他们更多地会说"怎么还不到时间""我想快点实现××事",他们对快乐的或者说让自己感到愉悦、舒服的事情会有很直接的渴望,所以他们就会在不知不觉中对阻碍他直达快乐这一目标的时间段表现出嫌弃,并随意浪费掉这段时间。

还有一部分孩子则是另外一种情况,他有能力做完这件事,但是他却并不愿意费力去运用自己所拥有的能力,而是既想要做事又不愿意放弃玩耍,边做边玩结果就导致因为懒散而浪费时间。

另外,有的孩子格外追求完美,想要把事情做到最好,只要觉得不合自己的心意，立刻就"推倒"重来。虽然这样的孩子看上去很有"毅力"，但一些无用的坚持却浪费了大量的时间。

怎样让孩子把时间充分利用起来，能在原本只做一件事的时间里做更多的事，这才是我们要考虑的。不妨尝试从以下几点来入手：

第一，鼓励孩子专心应对每一件事。

提升做事效率的前提，就是要求孩子一定要专心，要做一件事，就一心一意去做这件事，不要考虑其他的东西，当他全身心投入这件事的时候，他自然会集中精力，也就能提升办事速度了。

孩子在小学刚入学前后这段时间，还处于一种身份转换期，而年龄小的原因使得他的注意力集中时间也并没有比之前增加多少，所以，若想要他专注地完成一件事，则需要我们多给他一些鼓励。

对于孩子的学习以及其他事情，我们要有一种积极的心态，如果孩子能专注并坚持自己完成的事情，就要及时肯定他。我们这样做，也是在促使孩子养成专心致志的好习惯，为他日后更为繁重的学习打下良好的基础。

第二，引导孩子在了解事情的前提下再行动。

对一件事只有了解了，才可能把这件事做好。这就需要家长学会事先分析，哪个环节可能会出现困难，哪个环节能够比较快地完成，通过这样的思考，为这件事的进程做一个大致的安排，以提升办事效率。

例如，孩子要做作业，那么作业内容有多少，有没有难题，需不需要爸爸妈妈的参与,需要写多少内容、需要读多少内容、需要背诵多少内容,这些问题提前先过一遍,然后再进行合理安排。或者按照难易程度来做,或者根据耗时长短来做。在了解一件事的前提下去做事,孩子不会产生"做不完"的感觉,也能让他更有条理。

第三,提醒孩子不要在某个节点上过分纠结。

不管是学习还是做其他事情,一旦遇到不容易做的地方,有的孩子会绞尽脑汁,自己一个人在那里死抠,做不出来、没有思路,他也在那里坐着。这样会让人烦躁,也会让人产生放弃的念头,有的孩子可能因此脑子开始溜号,这显然就变成了对时间的浪费。

若想要高效做事,就要提醒孩子用正确的态度来对待难点、疑点。不管是在事情的什么阶段遇到了问题,假如思考一会儿后发现解不开,就可以暂时先绕过这个问题,先把后面的部分完成,最后再去解决这个问题。而且解决问题并不一定只靠自己,想不出结果的时候可以求助,可以询问,而不是去"硬碰硬"。

第四,向孩子强调速度与质量并进。

有的孩子错误地理解了"高效"的意思,只注重速度,却忽视了质量。所谓高效,是速度与质量并进的结果,二者缺一不可。

所以,也要提醒孩子不能一味图快,保证速度的基础上,还要保证质量,尤其是关于学习方面的事情。学习来不得半点马虎,做作业要快也要做得对，看书要快也要能看懂书中的内容。

我们可以适当参与进去，通过询问或者和孩子讨论的方式来了解他对事件、学习内容的掌握程度，来评估他所谓的高效是否真的很高效。

如果孩子只图速度而放弃了质量，我们也要及时纠正他这种错误的做法，帮助他更合理地理解"高效"的真正含义。

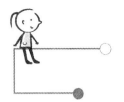

做完一件事,再做下一件
——有计划地利用好时间

每个人都有自己做事的特点,但并不是每个人都能把事做好,时间在其中起很大一部分作用。能否更好地利用时间,在既不浪费时间也不超时的前提下把事情做好,这也能体现一个人的能力。

相较于成年人,孩子在做事的时候更容易陷入混乱的状态。有的孩子一件事还没做完就想着要做下一件;有的孩子不知道自己先做什么,这件事开个头,那件事也开个头,想要两件事齐头并进,但没准儿又想起了第三件事;还有的孩子是做一件事的时候忽然大脑就溜号了,然后莫名其妙就开始做另一件事,原先那件事反倒被丢在了一旁……

不管是以上哪一种情况,都不能让孩子圆满地完成所有的事,更重要的是他的时间就这样被浪费掉了,结果就是他耗费了时间和精力,最终却没什么收获。

这时候,有计划地去利用时间就非常重要了,对于孩子来说,"有计

第五章 让孩子跟拖拖拉拉说再见

划"三个字可能不那么容易理解,那么我们干脆就简单地跟他解释一下他应该如何去做事,那就是"做完一件,再做下一件"。

首先,引导孩子关注自己的能力,告诉他们不可一心多用。

除非是极其有能力的特殊人才,可能会实现一心多用,且能保证把每件事都做好,现在的大部分孩子是无法做到这一点的。所以我们要让孩子看清自己的实力,提醒他只能从一件事认真做起,做完一件事再做另一件事。

孩子要认得清自己,我们也要认得清孩子,不要给他安排太多的事情,以免让他产生自己无所不能的错觉。

其次,向孩子解释清楚"事要一件一件地去做"。

有位妈妈这样告诉孩子:"做事就像走路,你必须把自己脚底下这一段路走完,才可能去走前面一段路,无论如何你都不可能跨过脚下的路去凭空走下一段路。所以一步一步走就好了。"

这就是一段很能说明问题的解释,可以让孩子明白一件事做完才可以做下一件事,做完一件事就相当于走过了脚下一段路,然后才能继续下一件事,继续下一段路。

所以,作为妈妈,要善于用通俗易懂的语言向孩子解释清楚"事要一件一件去做"这个道理。

再次,提醒孩子注意"即将完成"与"马上开始"间的衔接。

前一件事即将完成,这个阶段最容易让孩子产生的急躁心理;后一件事马上开始,这个阶段也会让孩子心猿意马,很难做好上一件事的结尾部分。

比如,孩子做的第一件事是写作业,第二件事是看动画片,这两件事相交接的时间段就很容易引发他内心的"躁动"。

所以,两件事中间提醒孩子留出一个停顿,利用休息时间来让他缓和一下,提醒他好好总结上一件事,待一切都完成之后,再开始下一件事。

最后,培养孩子养成"专注做好一件事"的好习惯。

前面一节提到的在时间表上做标记的方法,也可以用在有计划地安排时间上。孩子在时间表安排了"学习"这件事,那么这个时间段里可能会有"做作业、预习、复习、读书"几件事,也可能仅有"作业"这一项,就会分成"语文作业""数学作业"等好几个部分,提醒孩子把这些都列在纸上,每完成一项就划掉一项或者打个钩。已经打过钩的就不用再理会,除了手头正在进行的这件事其他的事也暂时不用多费心思,孩子只要专注于当下的每一个新的开始就足够了。

妈妈，我必须一直坐着吗？

——劳逸结合，并不会耽误时间

那些会工作、会学习的人，从来都不是毫不放松的人。越是有成就的人，越懂得分配自己的生活，该工作的时候就好好工作，而该放松休息的时候也能好好休息，这样的人无论是事业还是学习都能取得成功，而相对应的，他的娱乐生活也相当丰富多彩，该享受到的快乐他一点都不会落下。

人的身体和大脑是有劳作极限的，一味地只是工作或者只是学习，会让身体和大脑陷入疲劳，一旦疲劳，那么人的真正实力也就没法正常发挥出来了。所以，劳逸结合非常重要。

有的孩子错误地理解了我们所说的"珍惜时间"，认为休息、玩耍、锻炼，只要是与学习、看书、工作无关的事情，就都是在浪费时间，这其实是一种非常极端的想法。

所以，若想要让孩子真正实现劳逸结合，需要这样做：

第一,不要总跟孩子说"学习最重要"这样的话。

孩子的生活应该是丰富多彩的,而孩子需要具备的能力也是多种多样的,学习只是他生活的一部分,也许于当下来说,学习是他生活的主要部分,但这并不意味着孩子的整个生活都只能围着学习转。

要抓紧时间,但合理地安排与分配时间才是正确的选择,而非一分一秒都不放弃地被关在屋子里看书学习。要明白孩子要掌握的是人生技能,而不仅仅只是眼下学习这几本书的内容。当我们眼光放长远了,孩子自己也就不会产生偏颇甚至错误的理解了。

第二,提醒孩子"劳要劳得有效率""逸要逸得有意义"。

劳逸结合是对身体的调节。有的孩子到了"劳"的时间,他就打开书或者翻开作业本,拖拖拉拉;过了这段时间,到了"逸"的时间,他就很放心地去玩了。

要真正实现劳逸结合,一定要让孩子劳有效率,不管是写作业还是看书,都要有一定的收获才行。同时,就算是玩耍,也要玩得有意义,让头脑、身体都获得放松,而不是因为玩耍而变得更劳累了。

第三,引导孩子学会"劳""逸"分离。

一位妈妈担忧地说:"我跟孩子讲了劳逸结合,但他不太分得开。学习的时候想着玩,玩的时候又担心学习会被落下,不管做什么都不尽兴,他头疼,我也头疼。"

孩子担忧得过多，就会变得不能专注。这便又回到前面提到的专注的问题，需要认真努力的时候，提醒他心无旁骛；到了休息放松的时间，也要心无杂念。

第四，小心孩子"重逸轻劳"或"重劳轻逸"。

有的孩子很"精明"，"反正妈妈说了，要劳逸结合，我这样安排肯定没错喽"。他的安排就是学习的时间明显少于玩的时间。这是孩子对"劳逸结合"的曲解，所以需要我们在他安排自己的时间时，参与其中，多给他一些建议，防止他让自己过分安逸。

但也有的孩子很"焦虑"，他不敢让自己过得太安逸，可能是妈妈某些时候表现出来的对他学习的重视态度，让他不敢给自己安排休息玩耍的时间，结果他将自己逼得太紧，内心虽然想玩，但是又要按照妈妈所说的跟着时间表走，他的生活就会变得压抑无比。对于这样的孩子我们也要多加注意，同样要帮着他检查时间表的安排，提醒他适当休息是合理的，他不用将自己逼得太紧，也不用担心玩耍会耽误学习，只要他按部就班地将时间表上所安排的事情都好好地做完了，那么就完全可以尽情玩耍。

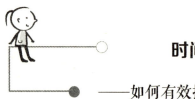

时间到底是谁的？
——如何有效提升孩子的自律性

时间到底是谁的？有主见的人答案很肯定：时间是自己的。但依赖心重的人就会将自己的时间交由他人来安排。那些不够自律的人，会是一个矛盾体，他一方面觉得"时间是我自己的，我想怎么玩就怎么玩"，另一方面在得到他人一些对他有益的提醒时，他也会动摇，也会不得不按照他人的安排去做。

在孩子还没有形成良好的时间观念之前，我们多半会是他时间的掌控人，什么时间睡觉，什么时间玩耍，什么时间看书，这些几乎都由我们来帮他安排。但是，我们终归不能帮他安排一辈子，孩子总要自己去拿回对时间的控制权。

孩子的时间就是他的，他必须学会自己去打理时间，而非总是请他人帮忙安排时间。孩子要成长为一个有主见的人、有秩序的人、一个不空虚的人，那么他就一定要有足够的自律，自己掌握对时间的主动权。

首先，我们尽量减少参与其中的次数。

操心的妈妈比比皆是，我们总觉得"如果我不说，孩子一定做不好"，于是从定制时间表，到按照计划执行，再到督促劳逸结合，我们几乎无所不在，总是要多说几句，多提醒几句，生怕孩子做不到、做不好。而孩子就恰恰在我们这不断的提醒中，变得越来越不想自己去解决问题，有问题了不着急，因为妈妈比他还急，他只要等着妈妈给他指出解决方法就好。

所以，要帮孩子摆脱这种状态，我们首先要慢慢抽身出来，做一个懒妈妈，鼓励孩子自己进行时间安排，我们只在一旁给出一点意见，给出一些提醒就好。至于在执行时间表的过程中，孩子没做到其中一些事项，那就让他体会自然惩罚的结果，可以适当提醒一两次，但没必要总关注他。孩子自己感受到如果自己不努力，没有人会帮他，他自然就要自己去做了。

其次，肯定孩子自我管理时间的结果。

这种肯定必不可少，当孩子做到了自己控制时间，完成了自己该做的事情，并且时间把握得也基本没问题，那就要肯定他的做法。询问他这样做之后的感觉，并对他能够控制自己的时间表达喜悦，这也是一种促进，孩子会愿意继续用好的表现来让自己、让家人感到愉悦。

少说"你真棒"这样的话，因为能够合理控制时间，是孩子的人生需要掌握的一项技能，他做到了是应该的，家长注意肯定他这样的表现是正确的就足够了。夸奖得太多，反而变成了一种刻意的讨好，没准儿还会起反作用。

最后，鼓励孩子养成自律的习惯而非自律的表象。

自律是一种深入内心的行为习惯，是一种感觉必须这样做的心理认知，而并不是做给别人看的。要告诉孩子："你自律，是为了自己，而不是为了爸爸妈妈，你做得好，你自己开心，我们也安心；你做得不好，最终受害的只有你自己，我们会伤心，但却没法干预你的生活，毕竟你的人生需要你自己一个人走完。"

对于装出来有自律表现的孩子，即孩子只在人前装出来自己能控制自己的样子，自然的后果最能让他体会到什么叫自欺欺人。时间浪费掉却没有任何收获，需要拿出成果的时候却拿不出来，因为拖拉而导致不良后果，这些都会给孩子深刻的教训，我们要做的只是在他获得教训之后去提醒他如何真正实现自我控制，而不是去讽刺他、训斥他，这时候他已经有所感悟，只要简单点拨一下，他自然也会清醒过来。

第六章
孩子注意力不集中，怎么办？
——如何让孩子学习更专注？

能否集中注意力，是孩子能否高效利用学习时间的一个关键因素。对于孩子来说，学习是非常重要的事情，那么集中注意力就是搞好学习的一个基本前提。对于注意力不能集中的孩子，我们需要寻求更有效的方法来让他的学习回归专注。

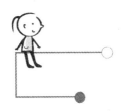

孩子注意力不集中的时间因素

——孩子不能很好地利用时间

注意力包括很多方面，其中时间因素可以算是一个很重要的内容。能够在一定时间内集中注意力，专注做好各种需要做的事或者自己决定要做的事情，这对一个人的成长和成功将起到关键的作用。

不过我们需要注意的是这个"一定时间"，因为孩子的注意力能维持多久或者能专注于一件事多久，这个时间并不是固定的，它也会随着孩子的年龄增长而不断提高。

一般来说，1岁以下的孩子，最多能够专注15秒；2~3岁的孩子，可以对自己感兴趣的事物集中注意力2~3分钟；4岁的时候，专注于一件事的时间能提升到10分钟；5~6岁时，大概可以专注于一件事15分钟；7~10岁时，进入小学低年级阶段，专注于一件事的时间大概可以提升到20分钟；12岁以上的孩子，则已经可以专注于一件事30分钟了。

这是一个大概的儿童专注力提升情况，我们需要根据孩子当时的年龄

第六章 孩子注意力不集中，怎么办？

特点及自身的性格特点，结合每个年龄段专注的时间情况，然后去判断孩子的注意力到底是不是真的有问题。

如果能够确定孩子在他应该集中注意力的时间无法集中注意力，他不能很好地利用这段时间，这时我们才能说孩子注意力不集中。

比如，很典型的就是小学低年级的孩子，在上课时间不能认真而专注地听课。因为一般小学低年级的老师会把课程的重点放在一节课的前半段时间，也就是一节课的前15到20分钟，对于这个年龄段的孩子来说，这段时间里他完全可以集中注意力去听讲。但如果孩子从一开始就做不到认真听，上课时东张西望、做小动作、关注其他事情，甚至还会去影响别人，这就提示我们，这个孩子的注意力出了问题。

因为集中注意力的时间有限，孩子需要更合理地安排自己的事情，尤其是刚开始学习生涯的孩子，不管是在学校还是在家，能否合理利用时间都是他能否产生理想学习效果的重要决定因素。所以，如何更好地利用课上时间，怎样更合理地安排课后时间以及回家后的学习时间，都是需要孩子和家长好好考虑的问题。

导致孩子注意力不集中的原因到底是什么？

——七大原因不容忽视

一说到孩子的注意力不够集中，很多妈妈首先想到的就是"孩子专注力不行""这个孩子和别的孩子不一样""他就是爱玩""我怎么说他都不听"……这些原因无外乎都指向一点，那就是孩子注意力不集中原因全在他自己。但事实真的如此吗？

有一些细节需要我们注意：孩子在认真做一件事的时候，有没有被周围环境打扰？你有没有借助送水送吃的名义，名为"关心"实则窥视孩子的一举一动？孩子当时的心理状态是怎样的？你有没有总是挖苦、训斥、讽刺甚至打骂他？你自己在遵守时间或者专注这方面有没有给孩子做过良好的示范？

通过思考以上这些问题，我们基本可以得出这样一些判断：首先，孩子的注意力不集中，原因是综合且多样的，并非如我们所认为的"一定是孩子出了问题"。其次，如果孩子的注意力差，很大一部分原因出在作为家

第六章 孩子注意力不集中，怎么办？

长的我们身上。最后，只有捋清孩子和我们自身的问题，才能真正找出孩子注意力不集中的根本原因。

具体来说，导致孩子注意力不集中的原因包括以下七个方面：

第一，环境的原因。

要想让孩子好好学习，就需要有一个良好的环境，读书、写作业、预习、复习，如果身处不利于学习的环境之中，原本心性就没那么踏实的孩子，自然很容易被外界事物所吸引。

比如，我们催促孩子去学习，但客厅里演着剧情激烈的电视剧，吵闹声和音乐声此起彼伏，同时我们还时不时打个电话、发个语音，要不就是手机各种提示音响不停。更有甚者，家人之间的交流总是吵来吵去的，动不动就一声吼。孩子在这样的环境下，又怎么可能安心去学习？

第二，心理的原因。

孩子的心理变化可能让他的注意力在不知不觉中被转移。

比如，求关注的心理会让孩子只顾着关注周围人有没有注意到他在"认真学习"，这样的孩子对外在表象的追求要大于学习本身这件事，所以也就没法专心学习。

还有，追求完美的心理。"我怎么总也写不好这一个字""我这个数字7总是写歪""我就不信我写不出好看的加减乘除符号"……当孩子对一些不应该过分关注的地方反倒有了过分完美的要求时，他的关注点就偏移了。

还有过度自卑心理。孩子们总是会遇到不会做的作业,也总是有做不对的题目,刚学的内容很快忘记了……尤其是当周围同学的表现都好于自己时,孩子可能会觉得"我就是这么笨",从而导致他厌恶学习,学习自然也就不能专注了。

孩子的心理有着某独特性,而且他的人生经历让他没法做到暂时放下当下的想法专心做其他的事情,所以他也就只能被自己负面的心理牵着走了。

第三,不当教育的原因。

说完孩子的心理,再来看看我们自己,正是因为我们某些时候的教育出了问题,所以才会对孩子有了不当教育,而不合理的教育也会导致孩子注意力的不集中。

比如,经常批评、否定孩子,导致他总是处于沮丧的心态之中,孩子自然也就无心做事。

又如,对孩子有求必应。妈妈可以解决包括"这个字念什么""这个算术最后得几""铅笔断了""笔没水了""作业本脏了""老师教的没学会"等各种各样的问题,使得孩子放弃自己思考,不再专注。

再如,经常拿物质引诱孩子。类似"你要是好好做作业,我就给你买想要的玩具",导致孩子最终更关心那个奖励反而忽略了学习。

同时还有言语刺激孩子。妈妈以为自己在鼓励孩子、支持孩子,但喋喋不休、重复多遍的话,让孩子觉得紧张、唠叨,无法专注于一件事中。

第六章 孩子注意力不集中,怎么办?

第四,错误示范的原因。

"妈妈都不认真,我为什么要认真",孩子将爸爸妈妈的言行举止看在眼里、记在心上,然后再通过模仿付诸实践。如果我们给出了错误的示范,那么孩子势必也就"将错就错"了。

其实,很多父母自己做事就非常不专注,以"严重的专注力不足"为主要症状的"大脑肥胖症"患者也比比皆是。

下面我们来好好看看这个"大脑肥胖症",它的表现包括以下三个方面:

第一,每天至少有三分之一的时间都不知道自己在干什么,不知不觉就陷入了一种走神的状态。

第二,信息太多,无差别地接收了所有信息,结果原本要做的事情不记得了,转而去追踪大脑中突然冒出来的想法,精力自然也就被分散了。

第三,工作前的"准备"太复杂,刷一下微博、看一圈朋友圈、回一下微信、查一下电子邮件、去社交软件看看动态、购物网站浏览一下新品、再关注一下新闻,所有程序都走完,时间基本已经过去一大半了,再开始工作,那股子热情早就过去了,如果中途起身离开,不管是去厕所还是做其他事情,再坐回来,前面那一套"程序"就又不自觉地再执行一遍,循环往复,大脑不停地来回切换,专注力越发集中不起来。

由此可见,之所以越来越多的人患上"大脑肥胖症",其根本原因就是我们的大脑被无节制地输入了过量的信息,大脑负荷太重,急需减压。这种情况也将导致我们没法深入思考,不能专注地解决问题,最后连交流都开始出现困难。我们自己的表现都不好,又怎么可能给孩子足够的指导?

第五,生理的原因。

孩子的大脑发育也要一步步慢慢来,小的时候,大脑发育不够完善,其神经系统和大脑功能的发展也是不平衡的,不能集中注意力也难免。而且每个孩子都有独属于自己的成长规律,不要套用"别人家的孩子表现都好,你怎么就不行"的教育套路,有的孩子就是发育得慢一些,但家长请不要焦虑,做好自己该做的,给孩子最好的陪伴,静待花开。

另外,如果孩子吃饭的质量不达标,不论是过剩还是跟不上都将影响孩子的专注力。睡眠质量和作息是否规律,也对注意力有着一定的影响。只有调整孩子的生理发育到正常状态,才是保证孩子注意力发展的基本条件。

第六,病理的原因。

疾病会让机体调动更多的能量去应对疼痛,大脑也会将更多的能量投入对抗疾病上去,所以哪怕是感冒、肚子疼等一些小病,也会影响孩子的注意力,更别提鼻炎、近视、高烧这样更为严重一些的疾病了。所以,平时我们也要多观察孩子,帮他及时摆脱疾病困扰,健康的身体才能够拥有良好的注意力。

还有一些疾病是会引起注意力不集中甚至注意力缺陷的。比如多动症,注意力不集中就是其一个很明显的症状。这就需要专业医师对孩子进行科学合理的矫正治疗了。但这种病理引起的注意力不集中的情况,相对而言比较少见。

第七，家庭的原因。

家庭是一个整体，孩子是这个整体中的一部分，所以家庭这个整体若是有什么风吹草动，作为其中一部分的孩子当然也会受到影响。

比如父母之间的争吵，孩子在接收负面信息和负面能量的同时，心神也会被扰乱；父母因为工作或其他原因烦躁不安，孩子也将变得不那么安稳；不要以为家有喜事不会对孩子有影响，搬家、出游、得奖、升职，不管是涉及谁的什么好事，同样也可能会让孩子变得过度兴奋。

所以，经营好自己的家庭，也是我们身为父母的重要责任和使命，家和万事兴，一个家平安稳定，家庭成员不暴怒、不深悲、不狂喜、不疯乱，家庭和睦安稳、家人和谐安康，孩子自然也会变得安定下来，也更有利于他专注力的培养。

这是谁的责任？

——谁应该为孩子注意力不集中负主要责任？

孩子注意力不集中，这是孩子身上出现的问题，是问题就要有人来负责，到底谁应该负责？谁又是主要责任人呢？

有的妈妈会说："孩子注意力不集中，这明显是他自己的问题，他就是贪玩、不听话，就是不如别人家的孩子，那我们当然要好好教育他了，这责任得他自己来负。"这话看似有道理，谁出的问题责任自然在谁，但如果我们细想一下，也许答案就不会这么绝对了。

根据前面一节提到的导致孩子注意力不集中的七个原因，孩子自身的原因其实并没有占据主要部分，反倒是身为父母的我们，种种言行将孩子的注意力一点一点地分散了。

所以，严格来说，孩子注意力不集中，这个问题的主要责任人，恐怕得由身为父母的我们来认领。

具体来看，我们需要认领的责任包括这样三个方面：

第一，环境塑造。

培养孩子的注意力，最基本的一个条件就是要给他创造一个相对稳定、安静的环境，而这一点很多妈妈却是做不到的。

有的妈妈一边催促孩子"你得专心学习"，一边在家里制造各种噪声：电视、手机、电脑都毫无顾忌地随时出声；呼朋唤友在家里聊天、聚会，甚至玩各种吵闹的游戏；经常在家中制造矛盾，与爸爸争吵，与家中老人争吵，不管大事小事，总要争辩一番才行。孩子长期生活在这种热闹的环境中，又怎能集中注意力？

所以，为孩子营造良好的生活与学习环境，是我们需要负责的第一件事。

在孩子开启学生生涯前后的这段时期，我们就要有这样的意识，为了让他能够专心学习，我们需要改善家庭环境以适应他的学习生活，尤其是当他开始学习时，那些不必要的声音要尽量剔除，电视、电脑、手机调小音量，如果有条件，给孩子关上房门，让他自己独自身处安静的房间。平时我们也要尽量克制自己的脾气，有事采取理性沟通而非吵闹不休的方式交流。

我们应该尽量养成好习惯，或者在孩子学习的时候，我们也可以进入学习时间，翻翻书，看看以前没时间学习的东西，或者戴上耳机听听音乐。

在这样的环境下，孩子自然也会安心去做自己的事，专注力的培养也就自然而然水到渠成了。

第二，言行示范。

父母的言行举止都会成为孩子模仿的对象，所以如果我们这个"原件"出了问题，那么孩子这个"复印件"也势必问题连连。

比如，你本身就是一个坐不住的人，自己的注意力都有问题，做什么事都没有常性，做事的时候不是看手机就是干别的，还总是抱怨连连，那么孩子看在眼里，就会把你在做事的时候的表现都记下来，并转化到自己的表现上去。

而且在这种情况下，你的训斥都是无力的，孩子会反驳："妈妈都是这样做的，为什么我不可以呢？"

在孩子面前，我们要有一个认真做事的样子，从一开始就专心致志，在没有特殊情况的前提下，不轻易为其他事情所动，暂时收起手机、平板电脑等电子产品，直到事情都做完。如果遇到问题，也要积极想办法去解决，而不是抱怨过后就干脆放弃。这种专注也自然给孩子带来影响，我们专注的样子会成为孩子也想要成为的样子。

第三，教育指导。

针对孩子不够专注的问题，有的妈妈一张嘴就是"你得集中注意力啊"，然后就列举一大堆不集中注意力的表现，有的时候还会加上训斥、责骂，要不就是与他人比较，说一些抱怨、沮丧的话语，更有的妈妈还会上升到对孩子人格的批评。但是，这种完全负面的教育，让孩子只记住了一点,那就是"我不是个好孩子",可他的问题却一点没得到解决。

真正有用的教育,不仅是指出孩子的问题,更要给孩子指出明路,让他知道自己应该怎么做、他还能够怎么做,并且还要让他体会到集中注意力所带来的好处,让他能够发自内心想要主动去集中注意力。

因此,我们也要注意纠正自己教育的方式方法,可以看看书,可以和老师交流,根据孩子自身的特点,更有针对性地去分析他的问题,寻找他能接纳并能做到的方法,以有效地帮助他集中注意力。

怎样做,才能提升孩子的注意力?
——那些来自妈妈的改变

我们知道了孩子不能集中注意力的原因,也了解自己应该肩负起来的责任,那么接下来就应该有一些相应的改变了。不只是前面提到的那些很笼统的改变,一些更细节的地方也需要我们注意。

那么怎样做,才能更有效地提高孩子的注意力呢?

第一,不要随意打扰孩子。

孩子在学习,妈妈不是去送杯水,就是给拿个水果,要不就是看看他是不是在认真读书,有时候还要喊他帮个忙,还有时候是想起来某件事立刻就和孩子讨论起来……

很多这样做的妈妈,内心都并不轻松,总想通过这样的方式来确定孩子听自己的话,或者想要通过不断地干涉、窥探来掌握孩子的动向。

其实这样的妈妈内心对孩子是不信任的,似乎是笃定孩子一定不会认真表现,这种紧张感会让自己对孩子的干扰变得更加频繁。

我们应该放松下来,相信孩子自己可以控制自己,有什么事在他学习之前或者学习完毕之后再说,除非有特殊情况,否则没有什么事是非要占用孩子的学习时间的。尽量不要去打扰孩子,给他一个完整的思考过程,他的注意力也就不会受到太多不利的影响了。

第二,帮孩子减少不必要的环境刺激。

孩子不够专注,我们也要细心观察,不一定是孩子自己的问题,周围环境的刺激也有"责任"。所以,当孩子每天面对的是满满当当的桌子、花花绿绿的墙面、杂乱无序的书籍时,我们就应该帮助他给环境也"减减负",给他划定好他学习的区域,把这个区域中与学习无关的东西都清除掉,玩具拿到专门的玩耍区,吃食也暂时不要放在桌子上,除了书本文具等学习用品,桌面上尽量不要放置其他东西,墙壁尽量也要干干净净,创造一个没有多余物品刺激的学习环境,让孩子的注意力不会轻易被他物吸引。

第三,减少对孩子的负面暗示。

在教育孩子的过程中,我们总会脱口而出一些负面暗示。比如,"你怎么就不能专心呢""你就是走神大王吧",有的妈妈还会当着其他人的面说"我这孩子注意力永远都集中不了""他就那样,做什么事都不专心",甚至是很直接地告诉老师"他就是这么个不专心的人,您得好好批评他",结果导致孩子认为自己就是一个爱走神的人,自己根本不可能集中注意力。

减少对孩子负面的暗示,多用积极正面的语言鼓励他,让他能对自己产生希望,才可能使他产生积极的改变。

比如,鼓励孩子"集中注意力并不难,我相信你可以做到",提醒孩子"现在你应该可以做到集中精力了,我会和你一起加油",或者多肯定孩子"你看刚才你就专心致志地看了十分钟的书,这很好,继续努力"……

越是正面越是积极的言语,越容易让孩子放松下来,并在他内心形成良好的自我感觉,进而建立足够的自信,这样他才能迎来真正的改变。

第四,在尊重的前提下,引导孩子转移兴趣。

很多孩子注意力不集中,其实并不是在胡思乱想,而是他的注意力跑到了其他更能引发他兴趣的事情上了,在那些事情上他能专注很久。

比如,下面例子中这个孩子的情况:

妈妈发现儿子从小就喜欢抬头看星星,5岁的时候第一次去天文馆孩子就激动得不行,后来孩子还缠着爸爸买了一个望远镜,没事就往天上看。

现在儿子上了小学,因为书桌挨着窗户,有时候写着写着作业,他一抬头看见了外面的天空,然后就又开始关注星空了。

妈妈注意到了儿子的兴趣,便经常带着他去天文馆参观,也给他买了很多与星空、太空有关的书,没事的时候就和他一起看,而看到孩子读不太懂的地方,妈妈在讲解的同时会说:"如果你在学习上更专注一些,那么你就会认识更多的字,就能看懂更多书上的内容,如果你学好了学校里教的知识,你就能自己去研究星空、发现星空了,是不是很棒?"

慢慢地,儿子意识到如果想要更好地发展兴趣,就要先把基础打好,于是他开始关注学习,在学好基础课程的基础之上,他的兴趣发展也变得越来越顺利。

这就是一个很好的范例,当我们发现孩子发展正当的兴趣时,要合理地引导孩子。毕竟他的注意力并没有用错地方,孩子的兴趣与当下的学习并不是两个可以拿来比较孰重孰轻的对象,我们也要有智慧地去引导孩子既能好好学习,也能顺利发展兴趣。

第五,拒绝暴力方式应对孩子不专心的情况。

看到孩子写作业走神,妈妈不是吼叫就是训斥,甚至责打,这些暴力行为背后无不反映着妈妈急切地想要孩子注意力更专注的心理,但这些暴力行为却并不是一个智慧的妈妈所为。如果只靠暴力,孩子并不会信服,即便孩子有了改变,也只是屈服于我们的暴力,日后一旦他有能力反抗或者想到了更好的对策,那他肯定会毫不犹豫地反驳回来。

温和而坚定才是应对孩子问题的最好方法,训得再多,也不如平静地提醒他一句"我认为你应该专心,否则完不成作业受苦的还是你自己",这样将更多的思考留给孩子,而不是盲目地使用暴力的方式管教。而且,温和而坚定的态度不会那么容易激起孩子的逆反心理,他反倒可以听进我们说的话。

第六,不要忽略孩子的不良情绪。

孩子对情绪的处理能力还有待提升,一旦他的情绪出了问题他就会一心一意只顾着闹情绪,当然也就没法专心学习了。

因此要做一个善于观察的妈妈,要善于关注孩子的心理变化,关注他的情绪到底出了什么问题。

对于生气的、烦躁的、悲伤的孩子,接纳他并给予他关爱,才能尽快让他平静下来。接下来,还要了解孩子情绪的来源,理智地帮他分析问题,引导他寻找解决方案。当孩子能够自己主动从情绪中走出来之后,他自然也就能心无旁骛地去做应该做的事情了。

第七,重视对孩子自制力的培养。

虽然我们对孩子注意力不能集中这一问题负有主要责任,但这并不意味着我们要把这个问题的全部责任都扛下来。我们的引导或教育,肯定或是批评都还应该具备另一个重要的作用,那就是让孩子学会自我管理、自我控制。他要在经历这些教育之后,能产生"我自己应该专注一些"的意识,这样的教育才是有用的。

有一个方法能更快提升孩子的自我管理,那就是对孩子孝心的培养。这是个很简单的道理,就如《弟子规》所言,"亲所好,力为具。亲所恶,谨为去"。有孝心的孩子自然能体会到你教育的意义,他会努力做到令父母满意,他会认为做到令父母满意是理所当然的,这样自然而然地发展下去,孩子也不会有什么大的差错。

在"玩儿"中培养注意力
——培养孩子专注力的训练与小游戏

提到"专注力",很多妈妈可能会觉得这应该是一件严肃的事情,孩子已经开始上学了,那就应该认真对待学习,就要认真而严肃地去进行专注力训练。但实际上,孩子的注意力训练没必要太过严苛,小学阶段的孩子,对玩耍的要求很强烈,能在快乐玩耍的同时让他受益,显然要比严肃的训练更为吸引他。

孩子的专注力经过训练都会有不同程度的改善,我们应该带着轻松的心态以及对孩子信任的态度,和孩子一起进行各种与专注力培养有关的训练和小游戏,既能让他更快乐,又会在不知不觉中提升专注力。

以下提到的一些训练或小游戏,都能够有效地提升孩子的注意力,妈妈们不妨一试。

第一,短时间集中注意力专项训练。

短时间的专项训练,就是让孩子在规定的时间内专心做事。这种时间限定一般都比较短，短时的集中训练，会让孩子有紧迫感，有利于孩子集中精力只做一件事，从而提升专注力。

比如，一分钟内孩子能写几个字、做几道题，或者跑多远、跳绳跳几下；5分钟内孩子能否完成早晨起床后的穿衣、洗漱，或者孩子5分钟内能否整理好床铺等内务；等等。

这种训练几乎可以随时进行，我们也可以加入进去，和孩子一起体会时间的紧迫感，看谁表现得更好。

第二，专注细节训练。

这种训练就是有选择性地给孩子安排一些细致的活动。在进行这种活动时，我们需要考虑孩子的年龄、性别、个性以及理解和接受的能力，要安排更适合孩子以及他更能接受的活动。

比如，可以考虑教女孩子缝小扣子、简单的十字绣，或者涂色、串珠子；可以和男孩子玩找不同、找错误、走迷宫的游戏；对能够坐得住的孩子，就给他分配诸如择菜、挑豆子一类的慢活儿，也可以给活泼的孩子安排打扫卫生死角这样的活动，让他能静下心来。

当然这些活动并不是绝对非要这么安排，根据孩子的实际情况，我们要选择更能激发孩子专注力的事情去让他做。

第三，手工、科学小实验。

平时可以让孩子做一些手工操作或者一些科学小实验，孩子在认真追求制作结果或实验结果的同时,专注力也得到了训练。

比如,折纸、剪纸、编织、画图、拼插、软陶、多米诺骨牌等一些动手小游戏,都可以锻炼孩子动手能力和专注力。同时,孩子课本上提到的一些需要动手制作的内容,或者是从其他地方看到的小实验,也是一些不错的活动。

在这个过程中,孩子应该是操作的主体,我们当他的副手就可以。多指导孩子"你可以试着这样来做",在他出现类似于折纸折错了地方、剪刀剪坏了纸张、编织出现了死疙瘩、多米诺骨牌功亏一篑、小实验步骤错误导致失败等一系列的坏情况、坏结果时,多予以鼓励。

要唤醒孩子不断尝试的想法,尤其是当他出现阶段性的成功时,要及时肯定和鼓励。如此一来,不仅孩子的专注力得以培养,抗挫能力也在不知不觉中得到提高。

但在这个过程中我们一定要时刻注意孩子的安全,对剪刀、小零件、各种实验工具等物品要提醒孩子认真对待,而这种认真其实也是专注力训练的其中一部分。

第四,其他特例训练。

舒尔特方格训练是一种世界范围内最简单、最有效也是最科学的专注力训练方法之一,适合于培养孩子的专注力。

在一张方形卡片上画上 25 个 1cm×1cm 的方格,在任意格子内填写 1~25 的阿拉伯数字。训练时,要求孩子按照 1~25 的数字顺序,一边指出数字位置一边读出声,我们在一旁记录孩子读完这些数字所用的时间。数完这25个数字用时越短,表明孩子的专注力水平越高。

这个训练的原理很简单,寻找目标数字时需要注意力高度集中,反复练习强化这短暂的高强度集中过程,大脑的注意力集中功能就会得到巩固,从而提升专注力。

以7~12岁年龄组为例,这个时间达到26秒为优秀,学习成绩应名列前茅;这个时间达到42秒属中等水平,班级排名会在中游或偏下;如果这个时间达到50秒则问题较大,孩子考试可能会不及格。以12~14岁的年龄组为例,这个时间能达到16秒为优秀,26秒属中等水平,36秒则问题较大。18岁及18岁以上的成年人优秀水平可达到8~12秒,达到20秒为中等水平。

这个训练并不是非要用1~25这25个阿拉伯数字,也可以将孩子熟悉的诗歌按汉字个数打乱,将每一个单独的字填入格中,然后让孩子去寻找正确的诗句顺序,也可以适当加入不相关的字作为干扰项,提升训练的难度。

每天坚持对孩子训练5分钟,坚持一个月,孩子注意力分散、专注力不足的症状就能得到有效改善,从而让精力更为集中。但是,这种方式的训练也会很枯燥,所以我们也要根据孩子的能力来谨慎选择,适当降低训练的难度,尤其是针对年龄较小的孩子,比如幼儿园时期的孩子,我们可以选择更简单的九宫格或者更少的格子数来对孩子进行训练。

不管是用什么方法,我们都要以孩子自身的特点以及接受的能力为基

第六章 孩子注意力不集中，怎么办？

础，任何训练都急不得，即便是游戏也不能没完没了地玩下去，方法也要灵活一些，时刻根据孩子的状态进行相应的调整。

最重要的是，我们不要忘记这些训练的目的，那就是要提升孩子的注意力。我们和孩子都不要刻意追求某些不必要的完美，比如有的妈妈觉得孩子折纸折得不够美观，有的孩子认为自己的多米诺骨牌没有摆成直线，这些都没必要过分纠结。尤其不要总训斥孩子，训练原本就是一个从不行到行的过程，放松心态，训练和游戏的效果也会更好。

第七章
孩子写作业慢、不愿写的时间因素
——教孩子高效写作业

很多孩子不会高效地利用时间,在作业上的表现就是写作业慢,能拖拉就拖拉,而且不愿意写作业,无论作业难度是复杂的还是简单的,他都不愿意动笔,甚至我们三催四请,他依旧不写。作为妈妈,要善于寻找其中的原因,并教孩子学会如何高效地写作业。

总也写不完，我不想写！

——弄清楚孩子写作业慢、不爱写的原因

孩子写作业不专注，作业不是完不成，就是错误一大串，还总是找借口不写或者跟老师撒谎说没带。其实孩子的这些作业上的问题，究其根源就是专注度不够。如果我们搞不清楚孩子为什么不愿意写作业，也就没法进一步去提醒他要专心致志地写作业。毕竟，面对一件自己不愿意做的事情，怎么提升专注度都是不管用的。

那么，孩子到底为什么写得这么慢，又为什么不愿意写作业呢？其原因大概有以下四个方面：

第一，心态没有调整过来。

幼儿园时期，有的老师也会留一些作业，但那时的孩子，把作业看成是一个没见过的、好玩的东西，而且幼儿园的作业多半也都与玩有关，并不能让孩子产生严肃对待的态度，且很多作业需要家长参与，甚至是完全

第七章 孩子写作业慢、不愿写的时间因素

代劳，所以这时的孩子对作业并没有太明显的概念，自然也不会有太多的排斥。

但进入小学之后，作业开始逐渐成为孩子需要独立完成的重要事项，需要他独立思考、独立操作的机会也越来越多。作业性质的转变，让一些孩子心生不适。再加上随着学业的增多，作业也会相应增加，孩子会发现自己的时间总需要留一部分给作业，内心就会感觉到不平衡，于是对待作业的态度也就开始发生变化，从最初的"有点烦"，发展到"很烦躁"，再到最后的"厌恶"，结果就是作业能拖就拖、能不写就不写。

第二，没有良好的学习方法。

不管做什么事情，只有找对了方法，才可能顺利地将事情做完，有些非常好的方法还会达到事半功倍的效果。写作业也是如此，但现实是很多孩子却没有方法，对待作业他会采取一种消极的应对的方式，有时候是懒惰不想写作业，有时候是作业不会写，有时候是感觉作业写不完，还有时候干脆就是因为作业太多太难而彻底放弃写。

可见若想高质量完成作业，就必须寻找适合自己的好方法，否则一味闷头去写，不去思考，不去安排时间，用不了多久孩子就会感觉厌烦了，这就是"工欲善其事，必先利其器"的道理。

第三，对待作业太过随心所欲。

刚入小学的孩子在学习上还是感觉一派新鲜，很多时候他是凭着自己一时的喜好去做事，学习、写作业也是如此。

比如，有的孩子是想写作业的时候才写，不想写就不写，主动权全在自己；有的孩子是简单的作业就写，难的就不写，不会的更是看都不看；还有的孩子更为放纵一些，自己不想写作业，就抄别人的，甚至是让爸爸妈妈代劳；也有的孩子并不把作业当回事，妈妈问起就说"老师没留作业"，老师问起就说"忘在家里没带来"……

不管哪一种情况，其实都反映出孩子对待学习并没有端正的态度，也就是毫无规矩。

第四，妈妈的影响。

谁对孩子的学习最操心，在大多数家庭中，那一定非妈妈莫属了。对于拖拉的、不能好好完成作业的孩子，我们会频繁催促与抱怨，但是催促得太多孩子就会产生"抵抗力"，再加上很多妈妈只是单纯地催，没有什么好的应对措施，结果孩子就在这烦躁的催促声中任由自己放纵下去。

还有一种妈妈倒是不会催促孩子，但却会向孩子妥协，任由孩子讲条件，只要孩子能最终同意写作业或者愿意写作业，那就是胜利。不管孩子提什么条件都答应他。结果妈妈反倒成了苦苦哀求的一方，而孩子这个不写作业的犯错者倒是理直气壮起来。

无论是以上哪一种情况，都并不是无解的，高效利用时间，正确应对写作业的问题，对每个孩子来说都不是做不到的事情。我们需要针对以上各个原因，结合孩子的实际情况认真分析，寻求更合适孩子情况的方法。

第七章 孩子写作业慢、不愿写的时间因素

这么多！我过会儿再继续
——如何避免孩子"磨洋工"？

同样多的作业，有的孩子就能掌握好时间，尽快完成，有的孩子还没写就先说一句"这么多！我过会儿再继续"。后一种孩子即便开始写作业了，也并不能很快地完成，肯定是磨磨蹭蹭，总也写不完。

一位妈妈就说了自己孩子的这种情况：

> 从入学第一天开始，我儿子写作业就是一个老大难的问题，一年级能有多少作业呢！可他每天都要写到晚上八九点才算完。
>
> 起先他是嫌作业多，说玩一会儿再写，他奶奶心疼他，就同意他玩，等到实在没时间了，眼看着要吃饭或者睡觉了，他才不得不开始写。
>
> 可开始写了，他也一样不让人省心，一会儿说喝水，一会儿说吃东西，一会儿说这道题不会，一会儿又让妈妈帮他翻着书，

总之他能找各种借口来拖延写作业的时间,上次作业让抄写生字,就那么几个字,他硬是写了一个多小时。

作业写不完,儿子自己也不开心,可他就是没那个意识写快点,再加上老人心疼,这个老大难的问题到底什么时候才能解决啊?

从这位妈妈的描述中,不难看出她的无奈,想要解决问题的心情也很急切,但是我们不能盲目着急,而是要采取更合理的解决办法,更智慧地让孩子主动写作业快起来。

第一,限定作业时间。

有相当一部分孩子在作业上"磨洋工",其实就是一种敷衍懒散的态度在作怪。对这样的孩子,限定作业时间是一个很好的方法。而且,不仅是单纯地限定写作业的时间,还要加上一点,如果写不完,一切后果都要孩子自己承担。

比如和孩子说好,就给他一个小时的写作业时间,如果一个小时后写不完,就要求他立刻停止写作业,第二天上学老师是不是会训斥他的问题,就由他自己去解决。

首先我们要态度坚定,哪怕再懒散的孩子,让他直接去承受老师的批评,对他来说也是一个不愉快的经历,更何况是在他原本可能不会被批评的前提下。

我们需要跟孩子提前说好,时间一定,不再更改,除非有特殊情况出现,否则没有可通融的余地。如此几次,孩子多半都会意识到,必须在限定时间内完成作业,同时我们也会发现,孩子并非不能快速地完成作业,等他养成快速完成作业的好习惯后,拖拉的毛病自然也就消失了。

第二,清理影响因素。

这种影响因素包括两方面,一个是外部影响因素,一个是内部影响因素。

外部影响因素,指的是孩子面对的各种外在的事物。比如写作业时不停地进进出出:喝水、上厕所、吃东西、拿东西、找东西,关于这一点,我们就要提醒他,写作业前,要先上好厕所,把水杯拿进去,东西暂时先不要吃,该用到的学习用品都提前准备好,然后就不要再随意走动了;还比如,桌面上摆满了学习之外的东西,关于这一点,我们要提醒孩子将这些玩具、书籍、电脑、手机、平板电脑等各种与作业无关的东西,全都清理掉,保证他不会因为这些东西而转移注意力。

内部影响因素,指的则是孩子的情绪以及内心想着的某些事情,情绪方面,不管是好情绪还是坏情绪,带着情绪去写作业都会影响孩子的专注度。情绪过喜会让孩子浮躁,过悲会让孩子无暇顾及作业,过怒则更是专注的大忌,及时帮助孩子清除这些不良情绪,让他能平静地坐在书桌旁写作业很重要。另外,孩子内心藏不住事,诸如和同学的约定、老师说过的话、爸爸提到的周末安排、任何比赛、任何考试、任何演出等,都有可能让他转移注意力,这就需要我们帮助孩子暂时放下这些,专注于眼前。

第三,选择合理的督促方法。

有一位妈妈选择的方法很是独特,我们不妨看看她是怎么做的:

每当孩子写作业拖拉的时候,妈妈就会把当天的晚饭做得不那么丰富,或者口味不那么符合孩子的要求。

只要孩子抱怨饭菜不合口,妈妈就会趁机说:"写作业与吃饭一样重要。"

如此几次,孩子发现妈妈很认真地在用这个方法来督促他,于是他有了改观,而妈妈也在饭菜上下足了功夫,孩子再没吃过不合口的饭菜。

除了训斥、打骂,我们可以选择的方法非常多,就看能不能让孩子意识到写作业的重要性,选对了方法,能够触动孩子的内心,他自己自然会主动改变。当然那种物质的、金钱的刺激还是能避免就避免,写作业并非是获得物质或金钱的交换条件,这一点我们和孩子都要搞清楚。

第四,培养孩子的责任心。

有的孩子对作业有一种莫名的排斥心理,就像一位妈妈所说的:"我儿子就是不愿做家庭作业,好赖话都不听,打骂也好,鼓励也好,哪怕是有奖励,也都没用,他就是不写,自己还不觉得有什么错,我真是愁死了。"

不愿意写就可以不写吗?当然不是,写作业是学生的责任,能够认真地履行自己的责任,也是孩子必须具备的素质,哪怕是再不喜欢,也要有责任心地将它完成,这才意味着孩子正在逐渐走向成熟。

第七章 孩子写作业慢、不愿写的时间因素

工欲善其事，必先利其器！

——"先复习再写"确实是个好窍门

同样是写作业拖拉，但有一种孩子的拖拉，会让我们觉得很可惜。这样的孩子每天在写作业这件事上很积极，放学回家第一件事就是掏出作业本，坐下就开始写。但是，他总是不能一气呵成，中间需要不断地停顿，然后再回去翻书，或者停下来询问爸爸妈妈，等到了高年级，孩子会自己搜索的时候，他还可能会自己上网去搜索。于是写作业的时间就被翻书、查资料等行为占据了，导致原本定好的作业时间不断被拉长。

对于这样的孩子，妈妈就显得很无奈了。

孩子态度不积极？他放学进家后第一件事就是写作业呀。

孩子故意拖拉？他的确是认真地在翻看课本，所询问的问题也的确是与课程内容相关的啊。

孩子没有责任心？拥有这么积极认真的写作业的态度，怎么看都不可能没有责任心。

所以,我们就要重新检查一下孩子写作业的流程,出现这种拖延类型的孩子,从一开始就表现出了问题。

那么正确的写作业的流程是什么?应该是"先复习,再写作业"。这也是保证孩子写作业不拖拉的方法之一。

一般来说,作业都是在结束一天课程之后再去完成的,是巩固所学知识的过程,而作业本身的内容,则是这一天里各门课程所讲授的知识点。

从上课到写作业之间,会有比较长的一个时间段,根据心理学的研究,人类的记忆过程会遵循艾宾浩斯遗忘曲线的规律,学到的知识,过20分钟之后就会遗忘百分之四十,一个小时后则会遗忘一半以上。那这么长的一个时间段,孩子还能记住的内容又能剩下多少呢?再加上孩子的理解能力也同样存在差异,有的孩子会存留各种问题,上课期间不会完全听懂,都听懂了也不能完全记住。

相对应的,作业一般都是当天所学内容的浓缩,会包含课上所学的重点,也同样包含一些细节知识,如果孩子在写作业前没有复习,那么他就非常有可能已经完全忘记或者课上根本没听懂,这时为了能把作业写下去,他就不得不返回去再重新看书,调动起自己的记忆或者重新进行记忆,如此一来作业当然越做越慢,遇到完全弄不懂的问题时,孩子也就不得不停下来了。

可能有的妈妈会担心复习会耽误写作业的时间,其实恰恰相反,复习就相当于在写作业时翻看书的时间、解决疑问的时间都集中了起来,提前解决各种问题,从而让写作业的过程变得更加紧凑流畅,这才是真正的"磨刀不误砍柴工"。

第七章 孩子写作业慢、不愿写的时间因素

那么，应该怎么教孩子复习呢？

首先，告诉孩子要把当天老师讲过的课本翻看一遍，可以每做一科作业之前翻看一下那个科目的课本，把老师当时讲过的重点重新过一遍，如果有例题，也要按照书上讲的方法做一遍，如果有老师提到的细节，也要重点记忆一遍。要认真地看，而不是走马观花。

其次，让孩子把自己没有弄明白的地方提前记录下来，提前向爸爸妈妈请教，或者向同学、老师请教也可以。对待问题不要逃避，也没什么好羞耻的，不会就是不会，会多少就表达多少，不耻下问才能解决问题。

最后，告诉孩子把典型的知识点总结一遍，毕竟这些知识点不会只在这次作业的时候才有用，日后的考试也会用得到，而且这些基本的知识也将成为孩子以后生活和工作的基础。所以，越早总结对孩子以后的学习越有利。

复习之后，孩子就可以写作业了，因为有了复习这一环节，孩子再写作业时就要完全依靠自己的大脑了。鼓励孩子多思考，趁热打铁，将作业尽快完成。如果依然存在问题，就需要把那个问题做个记录，等作业做完之后再复习或者再学习一遍，看看自己能不能解决，如果不能独立解决就要及时求助，保证自己不会留下知识死角。

无规矩，不方圆
——在促进孩子写作业守时这件事上立几点规矩

在养育孩子的过程中，给孩子立规矩是每个家庭都应该做的，因为"不以规矩，不能成方圆"。那么在写作业这件事上也有规矩吗？答案显然是肯定的。

在写作业要守时这件事上，该立的规矩也要及时立起来。

规矩一：作业是你自己的，不能要求爸爸妈妈代写。

这一条规矩很重要，因为很多孩子自己写不完作业，就很想让爸爸妈妈帮忙。而很多爸爸妈妈对作业的态度也是值得深思的，比如有的妈妈认为孩子作业太多，有些作业对孩子也没太大用，一些简单的口算内容、手工制作等就都帮孩子代劳了。

但是往大了说，这就是个责任心的问题。想必我们也曾经做过一些工作，虽然觉得无聊枯燥，但是因为是分派到自己头上的任务，就是自己的

第七章 孩子写作业慢、不愿写的时间因素

责任，我们都会把它做完。那么对孩子来说，写作业就是他自己的任务，哪怕他再不喜欢，哪怕作业再烦琐，也应该自己去努力完成。倒不如现在让孩子自己承担下这份苦，未来他才会变得更坚韧。

有的妈妈说，有些作业真的很麻烦。我们的解决方式也不应该是直接上手去帮忙，可以在衡量过孩子的能力与作业量和作业的难度之后，先与其他家长沟通，了解一下其他孩子的情况，然后根据大家普遍反映的情况去和老师交流，将情况反馈给老师，与老师协调。

规矩二：时间一旦限定，如无特殊情况，绝不更改。

前面曾经提到，要给孩子写作业规定好时间，这个时间的限定要坚决，一旦确定好，如果没有特殊情况就不要随意更改。如此一来，就要求我们在和孩子确定时间范围之前，好好地分析与商量。

需要分析的是孩子的能力、作业量与作业难度。需要商量的，则是用时的长短，因为有时候写作业过程中可能会出现需要查找资料或者需要反复思考的地方，所以这个限定的时间范围也要包括一些机动时间，而不是可丁可卯地刚好够孩子从第一个字写到最后一个字。

比如，限定孩子一小时内写完所有作业，那么可能孩子写作业的过程需要40分钟，剩下的那20分钟可以建议孩子进行下一步预习、思考、查找资料等，当然也可以直接结束。也就是说，在保证作业质量的前提下，空出来的作业时间交给孩子做主，由他自由分配即可。

规矩三：写不完的作业，爸爸妈妈不会代为找借口。

如果真的写不完作业，孩子需要自己跟老师解释，并承认自己的错误。立这个规矩的目的，就是要让孩子自己去承担不良后果，其实也相当于让他自己去经历并学会处理挫折。

这个规矩执行的前提是，我们需要提前提醒孩子，不要说谎，不要为自己的问题找借口，而且要如实说出自己的问题，比如课上有的地方没有听懂导致作业不会做，有的地方上课没好好听导致没学透彻等。其实孩子能勇敢地承认错误并能发现自己的问题，是老师最愿意看到的，也是孩子的成长。

我们也要管得住自己过盛的关心，没必要替孩子想好怎么和老师说，尤其是"就说你生病了""说你还有很多事"这类的借口，不要从我们嘴里讲出来，否则孩子会认为这样的借口是正常的，日后他可能也会用类似的借口去拒绝承担更多的责任。

规矩四：写作业过程中进行自我控制，慎用求助。

做作业的过程终究是一个自我约束的过程，规矩是用来实现自我约束的，所以也要提醒孩子不要盲目向外求助。要不要起来喝水、吃东西，要不要离开桌子做别的事情，这一切都要看孩子是否有自觉性，所以在立写作业的规矩中，我们也要督促孩子培养这种自觉性。

当然不是不可以求助，我们也可以给孩子一两次求助的机会，同时提醒他:"求助次数与时间都有限,要慎重使用,一旦求助机会用完,就不能再额外要求了。"这个规矩其实也是在培养孩子的独立性。

对于刚上小学一年级的孩子而言,初期培养孩子良好的写作业习惯时,有些规矩也可以突破,如果"死板有余,而活泼不足"也不利于培养孩的好习惯,适度"机动"很有必要,这个度需要我们灵活把握。

妈妈，请别催我

——越催越慢，不做频繁催促孩子的妈妈

面对拖拉的孩子，绝大多数妈妈都会忍不住使用同一个"招数"——催促，就好像我们已经笃信，只要催促，孩子就能快起来；只要催促了，不懂珍惜时间的孩子就能立刻珍惜时间了。

但是，频繁催促只会让孩子感到烦躁，并不能改变他动作缓慢的现状。尤其是很多妈妈的催促只有一句话，那就是"你能不能快点"，或者干脆就只有两个字"快点"，孩子逐渐意识到，妈妈没有别的更好的方法来改变他当前的状态，久而久之，他也就觉得这种催促没什么好惧怕的了。更有的孩子可能还会反其道而行之，越催越慢，对着干的心理和挑战权威的心理此时占据了上风。

那么，如果不催促，我们又应该怎么做呢？

第一，不要以自己的标准去要求孩子。

其实有些孩子可能原本并不慢，我们之所以催促孩子，只是因为我们认为他慢了。也就是按照妈妈的标准,孩子做各种事情的速度就显得慢吞吞的了。比如孩子写字,一笔一画的样子,看上去一点都不着急,而对于妈妈来说,那几个字可能连一分钟都用不了就写完了,孩子却用了好长时间。

孩子的速度终归不能和成年人相比,所以妈妈自己的标准并不适合孩子。尊重孩子自己的成长速度才是正确的做法。适当的时候,我们也要将自己的视角转换成孩子的视角,站在孩子的角度去理解他当下缓慢的进度,然后再去规定更适合孩子的时间标准。

第二,在了解孩子能力的前提下耐心等待。

有的时候孩子的慢并不是他故意为之,尤其是刚进入小学的孩子,从无拘无束的幼儿园状态进入需要每天完成作业的小学生状态,总是需要一个过程的,有的孩子可能就是速度稍微慢一些,有的孩子则需要一定的练习才可能变得快起来。

多观察,多了解,准确地判断孩子的能力,然后不用着急,耐心地等待他的变化。如果细心,你就能很快发现,孩子正在一点点熟悉他的学生生涯,并开始越来越熟练地掌握写作业的流程。这样的发现也会让你慢慢放下心来。

第三,换一种方式表达想要孩子快起来的愿望。

不能否认,孩子也会有惰性,一旦他真的是没有什么特殊原因就犯懒拖沓了,那我们也还是要催一催的。只不过,不要那么直接地就两个字

"快点！"换一种表达方式，更有技巧地将自己希望孩子快起来的意图表达出来。

比如，可以用鼓励的方式："我觉得你能再快一点，以你的能力完全可以做到，你要不要尝试一下。"也可以用上小小的激将法，"我看到你把作业写得很准确，不知道你有没有能力在准确的基础上加快速度呢？"还可以说，"这个速度不像你的水平啊，既然知识都学会了，再快一点没问题的。"

不直接催促，用上一些让孩子感觉更有干劲的说法，给他带去"啊，原来我还可以更快一些"的感觉，相信孩子也会愿意去尝试。

第七章 孩子写作业慢、不愿写的时间因素

再玩5分钟就去写
——别让孩子养成"讨价还价"的坏习惯

有这样一种很常见的场景:

放学回到家,孩子把书包一扔,忙着找东西吃吃喝喝,然后打开电视看动画片,要不就抢过平板电脑打游戏。

妈妈在一旁忍不住催促:"到家先写作业。"

孩子头都不抬:"再玩一会儿,10分钟以后我就去写。"

妈妈再催促几次,孩子依旧说10分钟之后就去写,于是妈妈只能妥协:"你说的啊,过会儿可一定得去写。"

但10分钟后妈妈再催,孩子又说:"再过5分钟,这次肯定去写了。"

然而5分钟之后又是像刚才一样的循环往复。

孩子倒是一时开心了,但时间就这样被10分钟、5分钟地耗过去了,等他终于开始写作业了,要么是时间已经不够了,太晚了该睡觉了,要么就是又开始在写作业过程中找各种理由拖沓了。

对于自己不愿意做的事情,孩子都可能会"讨价还价"一番,为自己争取最大"利益"。"讨价还价"也是拖拉的一大原因,应该避免孩子养成这个坏习惯。

首先,提前和孩子定好规矩,不接受妥协。

在教育孩子的过程中,提前立规矩是必要的,任何事情如果等到事到临头才去提醒孩子或者要求孩子,我们基本上没法预知孩子会怎样应对,而我们也会很被动。

所以在孩子还没有开始写作业的时候,比如在回家的路上,或者在刚进家门的时候,就可以这样告诉孩子:"一会儿回家你就要开始写作业了,我想我不会接受你任何'再等一会儿'的说法,我希望你能自己主动开始写作业,这里没有任何条件可讲。"

这就相当于提前给孩子打了个预防针,告诉他我们不接受任何妥协,而即便孩子会反驳或拒绝,那也是在开始写作业之前,通过多与他沟通或讨论,可以将这个问题提早解决。

其次,不用任何条件来换孩子写作业的行为。

"如果你赶紧去写作业,一会儿你就可以看动画片!"

"只要你现在立刻去写作业,我可以答应你一个请求!"

第七章 孩子写作业慢、不愿写的时间因素

"我明天给你买个玩具,现在你能赶紧去写作业了吗?"

"只要你去写作业,我就有奖励。"

……

类似这样的话你说过吗?如果说过,那就赶紧停止吧,拿条件来和孩子的学习进行交换,这无疑是在告诉孩子,他的任何学习行为都是可以被拿来交换的筹码,这是很危险的。某一天孩子若是不想要什么东西了,不想要奖励了,他完全可以很坚定地告诉你:"我不想要任何东西,所以我不写作业。"

为了避免这种情况发生,就一定不要用条件和孩子写作业进行交换。因为写作业这件事本来就是孩子应该负起来的责任,是他学习上该做的事情,我们要尊重这种行为。

再次,理智应对孩子脱口而出的"再玩5分钟"。

如果孩子真的对你说"我再玩5分钟,一会儿再去写作业",那么你应该怎么应对呢?有的妈妈可能会说了"我直接告诉他,不行,现在必须马上去写",孩子一定会反驳,为自己争取这5分钟,一来二去,他写作业的时间就又不知不觉地推后了。

针对这个问题,我们可以采用更理智的应对方式,比如,告诉孩子:"时间是规定好的,我希望你能遵守这个时间,拖延下去的话,影响的是你自己吃饭和睡觉的时间,当然也包括你玩耍的时间。如果作业迟迟没完成,那么吃饭、睡觉、玩耍的时间都会被缩短,甚至会没有玩耍的时间了,

你同意吗？"

孩子会有自我判断，他也会对这些事情进行自己的思考，那些会威胁到他的"利益"的事情，他其实也是会拒绝的，如此一来，他多半都会乖乖地立刻去做作业，而不再继续抗争了。

最后，让孩子承担"再玩几分钟"的自然后果。

虽然我们可以提前和孩子确定好时间，可以拒绝他的"讨价还价"，可以讲道理，但是有的孩子还是会出现不依不饶的情况，这时，着急地和他对峙只能让双方都变得郁闷，那么我们不妨"退"一步。

一位妈妈就是这样做的：

孩子拒绝马上写作业，说："我就是要再玩10分钟！"态度很坚定，我干脆便顺着他说："那你玩吧！"

他不敢相信，又确认了一遍："我是真的要再玩10分钟的。"

我点头说："玩吧！"

于是他很开心地去玩了，玩了半个小时。然后他自己忽然想起来要写作业，可是刚写了没5分钟，家里就开饭了，他快速吃完饭再回去写作业。

他发现，那天的作业特别多，他折腾到9点，还有一些没写完，可按照日常一贯的安排，他已经形成了生物钟，这个时候已经困了，这时他着急了，开始边哭边写，作业本也被他弄得一塌糊涂。

第七章 孩子写作业慢、不愿写的时间因素

我没批评他,也没安慰他,直到快10点的时候,他终于写完了所有的作业,赶紧洗漱干净上床躺下,临睡前,他泪汪汪地跟我说:"妈妈,明天我一定回到家立刻写作业。"

我点头,内心也放松了下来,让孩子承担自然后果,有时候还真是挺管用的。

这样做会让孩子真切体会到,如果不按时写作业,他的一切事情都会被打乱。写作业这件事,越早开始越好,这样他才能有时间从容应对,经历过这种手忙脚乱,相信他自己也会长记性。

当然,如果孩子因为没写完作业或者没写对作业而受到了老师的批评,恐怕他的记忆会更为深刻。

第八章
孩子的生活也需要好好规划
——教孩子打理好"生活时间"

对时间的运用,并不只是在学习上需要多加注意,生活中的方方面面都离不开时间。养成良好的时间管理习惯,教孩子学会好好规划自己的生活,这也是培养时间观念的重要内容。孩子应该成长为一个能随时随地利用好时间的"时间小达人"。

生活就是"日复一日"
——教孩子学会建立规律的生活节奏

生活是什么样子的？正常的生活应该有着合理的生活节奏，有不变的规律，也会有偶尔的惊喜，但总体来说，有规律的节奏让人生活起来更为舒服安心，也更为平稳，生活原本就该是如此"日复一日"。

不过对有些孩子而言，生活却并没有什么规律可言，而且年龄越小的孩子，这种无规律的生活状态越是明显。

由于幼儿园的紧张程度远不及小学，也并没有小学里的种种规章制度，很多妈妈在潜意识里就对幼儿园的约束并不那么在意，所以很多四五岁的孩子不仅睡觉、吃饭没有规律，就连玩耍都没有规律，有的孩子可能早晨起来睁开眼就要看动画片，还有的孩子则晚上 10 点多了非要玩骑马打仗的游戏，而一旦孩子睡前玩令人兴奋的游戏，自然就很难入睡。

不能有规律地生活让孩子每天都过得很混乱，更重要的是他的生物钟没法建立起来，这其实对他的身体健康也是有很大负面影响的。而且，等到开始上小学了,如果孩子还没有养成良好的生活习惯,那么他的学习也势必因此受到影响。

所以,越早帮助孩子建立规律的生活习惯,越有助于培养他良好的时间观念,让他能尽早进入规律的生活、学习状态中去。

那么,什么样的生活是有规律的?我们又该如何教孩子有规律地生活呢?

首先,规范我们的家庭生活。

什么样的生活才是规律的生活?这不是我们说出来的,而是做出来的。我们需要用真实的生活状态来向孩子展示这个规律的生活状态。

这样做其实也是对我们自身的一种督促,那就是在教育孩子生活要有规律之前,先要来好好审视一下我们自己,我们是不是有条件、有资格去引导孩子?如果没有,我们就要先让自己的生活变得规律起来,然后再带领孩子一起努力让家庭生活规律起来。

其次,规范孩子的日常生活。

规律的生活来自一些小细节上的规范,比如早睡早起、按时吃饭、有合理的学习与休息时间等。

以让孩子早睡早起为例,我们需要了解孩子在当下年龄段所需要的睡眠时间。美国睡眠医学学会(AASM)睡眠指南指出,3~5岁儿童所需要的睡眠时间为10~13小时(包括白天的小睡);6~12岁儿童则需要

9~12小时的睡眠时间。按照这个标准，我们可以去逐步规范孩子混乱的睡眠时间：确定好早上起床的时间，然后向回推开始睡觉的时间，然后按照这个时间培养睡眠习惯，形成睡眠规律。这个习惯的养成也需要一定的时间，我们要坚持原则，除特殊情况外都要一直坚持下去，我们坚定的态度也会促使孩子更快养成习惯。

再次，不因假期打乱节奏。

现在的孩子总是会过这样的一种生活，那就是假期与正常上学或上幼儿园时的生活完全不同。就拿平常上学的日子来说，他会经历"五加二"的生活模式，五天上学的日子加上两天周末，如果遇到各种长假期，那情况可能会比较糟糕。一到假期，孩子上学时养成的早睡早起、按时吃饭、有规律地学习和玩耍的生活可能就全变了，一天之内就能让他自己的生活回到混乱之中。

这是需要我们格外注意的，在没有特殊情况的前提下，我们要尽量帮孩子过上规律的生活，即便是周末、假期，也要让孩子努力做到早睡早起、按时吃饭、规律学习与玩耍。有些时候可以有特例，但不能太多，而且我们也要提前和孩子说好，这种特例只是特殊情况，并不能变成他生活的常态。

最后，鼓励孩子自觉遵守这个习惯。

怎样孩子才算是建立起了规律的生活？并不是每天都需要我们的提醒

后他才能做到，否则那样就还只是我们养成的习惯，孩子在其中是被动的，有可能没了我们的催促，他就原形毕露了。

我们应该致力于培养孩子的主动性，也就是让他习惯如此生活，即便没有人催促，没人在跟前，他也知道什么时候该睡觉、什么时候不该玩耍，知道主动去开始学习，知道作业不能拖沓。孩子具有了主动性，才意味着他的生活真的变得规律了。

所以，对我们来说，多培养好习惯，时刻关注自己的言行，对孩子多一些引导，少一些催促，少一些提醒，激发孩子的主动性就可以了。

家里的生活真的很有规律啊
——为孩子营造一个规律的家庭生活氛围

环境对孩子的成长具有不能忽视的作用,如果身处一个生活规律的家庭中,孩子本身的生活也多半不会混乱到哪里去;相反的,如果身处一个原本就毫无规律可言的家庭之中,父母自己都黑白颠倒、没有固定的吃饭时间、想什么时候玩就什么时候玩,孩子也会有"规律",只不过这个"规律"是跟随父母一起生活时间混乱。

只有真正生活规律的家庭,孩子才会跟着变得规律起来。所以我们一定要打起足够的精神,为建立规律的家庭生活氛围先付出自己的努力,然后再引导孩子进入这样的规律生活中,并使他也产生想要规律生活的意识,最终让他主动去建立属于他自己的规律生活。

那么,我们在这个过程中要注意哪些问题呢?

第一,所建立的规律并不是短期的,一定是家中持久贯彻的。

只有长久建立的规律,才是不会随着时间推移发生剧烈变化的,不会

第八章 孩子的生活也需要好好规划

因为孩子长大了就不再遵守了。

所以，我们也要做好长期的心理准备，如果以前没有孩子的时候我们毫无知觉，并不在意自己的生活，那么为了孩子未来的良好生活，也要开始规范自我，我们既是孩子的榜样，同时也应该对我们自己的人生负责。毕竟养成有规律的生活，真的对我们的身心健康大有裨益。

第二，各种生活细节都可以建立起一定的规律。

生活包括诸多方面，吃、喝、拉、撒、睡、学习、休闲、娱乐、锻炼，这些都是有规律可遵循的。前面我们意识到要让孩子早睡早起，虽然我们大人可能不需要那么长久的睡眠时间，但相对稳定的睡觉和起床的时间也是有必要的；一日三餐也应该尽量规律，而非饥一顿饱一顿，更不能什么时候想起来才去吃；至于说学习、休闲、锻炼的时间，我们也可以给自己制订出良好的计划。

这样的计划是为我们自己准备的，所以你可以建立与孩子一样的学习、娱乐规律，这也可以成为孩子的榜样；你一样也可以建立属于自己的规律，这其实意味着你自己的生活会向更好的方向发展，我们需要记住的是"规律"，不一定非要形成与孩子的生活完全相同的规律。

第三，向孩子展示特例情况下应该如何。

生活规律没有问题，但是生活中总会出现各种各样的突发事件，如果突然出现情况，原有的规律被打破了，怎么办呢？孩子经历得少，并没有足够的应对经验，那么此时我们就要告诉他特例情况下应该如何做。

比如，原本我们晚上10点入睡、早上7点起床，但突然有了需要加班的工作，没法按原有规律这样做了，那么我们就把加班这段时间重新安排一下，晚上可能晚一点儿睡，尽量提前安排工作，保证这段时间里我们的生活不会变得太过混乱。也就是说，我们尽量保持不同时间段的规律，让孩子知道特殊情况并不意味着规律也要被打破。

当然，有一些极其特殊的情况，比如天灾，这种情况就要另当别论了。我们也要提醒孩子遇事灵活一些。

第八章 孩子的生活也需要好好规划

孩子的时间是属于他的
——不要擅自干涉和安排孩子的时间

每个人都向往独立，能够自己安排时间，能够做自己想做的事情，能够体验自己想要体验的快乐。然而有时候我们却发现有些人，特别是孩子，他们的时间并不属于他们自己，他们需要有人来帮他们安排自己的时间，但同时他们也很想有一些自由，然而真有了完全自由的时间，他们却又表现得不知道该怎么做。

是什么原因导致了这样的情况？其实就是因为这些人在孩童时期，或者说这些孩子的时间安排全都归于父母，或者说父母过分干涉了孩子自己对时间的安排。结果导致孩子没法按照自己的意愿去做事，当他逐渐形成习惯，就会对父母产生依赖心。就算偶尔想要有自己的时间，却也已经是"心有余而力不足"了。

孩子的时间，毫无疑问，当然是属于他自己的，一个独立自由的孩子，怎么安排时间是他自己的事情，我们能放开手就要放开手，而不是牢牢地

孩子不会管理时间，妈妈怎么办？

看管着他。

可能这时有妈妈就会说，不帮孩子安排好时间，他做了坏事、错事怎么办？这其实并不是问题，如果我们从一开始就有良好的引导和应对策略，并给予孩子足够的信任，相信他完全能应付得来。所以我们需要这样来做：

首先，有意识地让孩子熟悉自己安排时间的感觉。

有的妈妈总说"孩子自己可不会安排时间""我怕他自己安排就全乱了"。为什么会有这样的判断和忧虑呢？不正是因为孩子之前没有做过类似的事情，所以我们才会如此紧张吗？如果孩子日渐熟悉自己安排时间的感觉，并能从中有所感悟，逐渐养成好习惯，那我们又何必如此紧张？

所以，尽早安排孩子自己去处理一些不太重要的事情。比如，玩耍的时候，允许他自己安排游戏的顺序；鼓励他自己去规划自己看多长时间的动画片，看多长时间的书；让他为自己的周末做出计划，并参照他的计划去执行；等等。

孩子越是熟悉安排时间的感觉，他也就越主动愿意去安排时间，而我们也就不会有这种"赶鸭子上架"的慌张感了。

其次，限定好原则并绝不放松。

让孩子自由安排时间，但一些原则上的事情我们还是要把好关的。比如，孩子非要在晚上9点以后去外面玩，不管是从安全还是健康的角度考虑，这显然都是不合适的，那么我们就要严守这个时间限定，坚定地拒绝

第八章 孩子的生活也需要好好规划

他的这个安排。

这种原则的问题我们坚持下来了，孩子就会逐渐意识到生活中是有底线的，他不能为所欲为，即便他可以自由安排时间，但也要在原则约束下去做。这样也将有助于孩子建立起规则意识。

再次，学会放松心态。

这一条是完全讲给身为妈妈的我们听的。你为什么会对孩子自己安排时间感到紧张？还不是因为你不放心？你脑子里挤满了"生怕怎么样"，可是孩子并不一定是你想的那么不堪。而且，正所谓"心想事成"，多想一想好的事情，我们就有更大的概率看到好的结果。相反，如果我们总是觉得孩子做不好，那么这种担心就会传染给孩子，他一紧张、一烦躁可能就真的做不好了。

放松心态，不要为孩子过分紧张，就算他的时间安排得不好，那结果也无非是乱一些，而这不正是我们引导他的好时机吗？孩子只有表现出问题来，我们才能更有针对性地帮助他。再换一个角度来说，我们对孩子过分紧张，其实就相当于我们背负着两个人的生活，既要帮孩子着想，又要安排我们自己的生活，这种双份的压力难道不累吗？

所以，当孩子有这种自我安排时间的意识时，我们应该是开心的，因为孩子表现出了自主性，我们要做的就是引导、帮助和鼓励，让孩子自己摸索出合理安排时间的方法。当他能自己主动去做这些事情的时候，我们的生活自然也会更加轻松。

最后，用偶尔的建议和提醒代替频繁的干涉与替代。

说到底，孩子终究还是孩子，尤其是幼儿园马上要毕业的孩子，他即将进入小学，他的人生不过才几年而已，他在时间安排上肯定会有问题，但这些问题并不是我们直接代替他的理由。我们可以根据他的情况，给出足够的建议与提醒。

如果孩子一开始表现就不错，那多鼓励就够了，出现一些小问题，我们可以简单提醒他，比如不要玩得太久，应该及时完成作业等；如果孩子一开始表现不好，那就先肯定他愿意自我安排时间这种做法，然后针对问题一点点地给出提示，允许他慢慢改正。

不干涉就不会引发孩子的反感，不代替就不会让孩子放弃自主权。当需要给孩子建议和提醒的时候，我们也要记住这样的原则：不要喧宾夺主，要真正让孩子向独立的方向发展。

第八章 孩子的生活也需要好好规划

我浪费了时间该怎么办？

——承担自然后果重于人为说教

孩子并不是机器，在培养他时间观念的过程中，他势必会出现"得意忘形"的时刻，从而浪费了时间、耽误了事情。这个时候，你一定很生气，面对浪费时间的孩子，你的不同表现可能就会让孩子向不同方向发展。

如果你愤怒地吼叫、训斥他对时间的不珍惜，并表达出"我就知道你肯定不能好好遵守时间，你就是一个不听话的孩子"，如此一来，孩子当然会感到愧疚，可是他也就只是愧疚了而已，他也许会跟你道歉，也许会跟你保证下次决不会再浪费时间了，然而这只不过都是暂时的服软，是为了让你的怒气消散而已，过后他多半都没有什么实质性的改变，可能过不了多久，类似的事情还会再重来一遍。

但如果你能理智一些，控制好自己的情绪，冷静一些，意识到这是孩子对自己时间的管理，而这个结果也需要他自己去承担，那么你也许还有另外一种选择,没必要让自己陷入怒火之中,只要让孩子去承担这个自然后果就可以了。

对于孩子的某些错误,让他承担自然后果是一种非常有效的解决方法。有什么样的因,就会结什么样的果,孩子是不能躲开的,而且没有了旁人的干涉,他就不得不去接纳这个因果关系,或好或坏都要由他自己来承受,这无疑会让他不得不去思考之前的因,一旦他能想通,那么他就能产生想要悔改的意愿,这不正是我们所想要看到的吗?

所以,在浪费时间这个问题上,也要善于捕捉良好的教育时机。

首先,做到"仁至义尽",提前提醒。

虽然说要让孩子承担自然惩罚的后果,但我们该有的提醒也要有。事前可以给他一些提醒,注意这一步是在事前,可以以关心的名义来给孩子一些善意提醒。

比如,告诉他"不要拖拉""你最好快点开始""我觉得你应该抓紧时间了",只要简单表达就够了,没必要解释太多,也不需要频繁催促。

"仁至义尽"是一种夸张的说法,意思就是我们已经对孩子有过善意的提醒了,如果过后他再出了问题,那么他就不能用"你都不提醒我"这样的话来埋怨我们,这也是让他自己去经历自然惩罚后果的意思。

其次,要能平复自己替孩子着急的心情。

即便是知道要让孩子承担自然后果,但还是有妈妈会在事件进展过程

第八章 孩子的生活也需要好好规划

中万分着急，总是忍不住去催促孩子，总是忍不住想要把孩子按回到座位中去，让他尽快进入做事的状态，这其实都没必要。我们的着急，恰恰会让孩子感觉"反正有妈妈替我急，我就不必要费心了"。

这时，我们应该平静地去做自己的事情，用一种相信孩子的态度来对待他，也许这反倒会让他安下心来，没准儿还能起到让孩子自觉提速的效果。当然，就算孩子没有这样的觉悟也没什么，因为我们已经做好了让他承担自然惩罚后果的心理准备，所以放松一点也会让我们自己更轻松。

再次，善待经历过自然惩罚后果的孩子。

一旦孩子承担了自然惩罚的后果，我们应该怎么去面对孩子呢？

有的妈妈可能有种"果然如此"的情绪，然后就开始数落孩子，还可能立刻爆发，用训斥、责骂甚至打两巴掌的方式来应对已经受到了惩罚的孩子。这其实就相当于孩子受到了"双重暴击"，既要承受自然惩罚，还要承受妈妈的教训。

而有的妈妈则可能太过平静，对孩子不理不睬，认为孩子就是活该，然后就不再过多询问了，只留孩子自己去难过。消极地去应对孩子自然后果的惩罚经历是不合适的。我们可以表现出不满，但暴怒也是不合理的；我们可以平静，可是冷漠则是不应该的。

孩子受到了惩罚，我们要接纳他当时的感受，并耐心倾听他的一些解释或者悔恨的话语。此时我们所说的话一定要点题，也就是要能点出孩子出问题的关键，引导孩子去思考他导致这种后果的原因，然后就要鼓励他去改正，不需要多催促，不需要讲太多大道理，认可孩子愿意改正的态度就好了。

最后，有些需要我们实施的惩罚要真的去执行。

有些惩罚可能是来自我们的，比如我们和孩子约定好，如果他能在周五晚上完成作业，那么周末就可以带他去郊游，但孩子若是只顾着在周五晚上玩耍而耽误了写作业，那么相应的周末的郊游就要取消。如果孩子没在周五晚上完成作业，那周末的活动必须取消。这一点，要说到做到。

孩子原本的计划被取消他一定会哭闹、哀求，有的妈妈习惯于妥协，可能就会说："这次就先答应你，下次可不许这样了。"其实这是不对的，只要答应过一次，孩子就能探寻到妈妈的底线，以后他就还会有第二次、第三次……

所以，一旦我们设定了自然惩罚后果，那就要真的去执行，孩子需要明白，那些惩罚不会因为对方是妈妈就能得到妥协，原则性的问题是不容许更改的。这样经历几次之后，相信孩子就能意识到妈妈的底线，而自己也能知道应该怎么样进行时间安排了。

第八章 孩子的生活也需要好好规划

做，还是不做呢？
——果断与主见是利用时间的重要条件

要做一件事，如果能当机立断立刻去做，这样的做事效率绝对高，且结果一般也都会错不了。相反，如果从一开始就犹豫不决，不能确定是做还是不做，仅仅思考的时间就占去了一大部分，等到再开始的时候，事情的进展多半也不会顺利。

很多孩子就有"选择恐惧症"，他们不能确定是做还是不做，是去还是不去，是要这个还是要那个，结果时间都被他浪费过去了。

一位妈妈就讲了这样一件无奈的事情：

星期天早起，看天气不错，我就提议全家出去玩。不过在选择去游乐场还是郊外野游的时候，我和爸爸一商量，决定让孩子来选择，哪知道这个决定最后真是让我很后悔。

孩子对这两个选择完全没法决断，他一会儿说想去游乐场玩

孩子不会管理时间，妈妈怎么办？

滑梯和旋转木马，一会儿又说想要去郊游爬山、滚草地。我和他爸爸就这么看着他在那里纠结，他"嗯"了好久，就是没法给我一个准信儿。

我看着时间，原本想要等他决定了就立刻出发的，可是他这么一思考就已经过去了半个多小时，时间一分一秒地就这么被浪费了，我因为着急，觉得这时间过得非常快，渐渐地我也越来越急躁，想要出去玩的心思慢慢淡了下来。

最终，孩子爸爸也看不过去了，又看我有脾气爆发的迹象，赶紧给了孩子一个建议，提醒他："我们今天去游乐场，以后再找时间去郊游。"这才解决了要去哪儿玩的问题。而我知道，爸爸之所以做这个决定也是无奈，因为孩子思考的时间太久，去郊游的时间已经不够了，现有的时间只够去不太远的游乐场玩一会儿了。

从这位妈妈的讲述中我们不难发现，果断与主见，的确是好好利用时间的重要条件。如果孩子能在第一时间就做出决定，那么他玩耍的时间也就相应地增多了。而且果断的决定也让他不会过分纠结，让他内心不会太挣扎，自然情绪也会好得多。

所以，要注意培养孩子果断处理问题的能力，以免出现不必要的时间浪费。

第一，提醒孩子衡量事情的轻重缓急。

在这里我们需要提醒孩子运用上之前学到的知识，那就是对事件性质的衡量，如果能尽快按照事情的轻重缓急来给事情分类，相信孩子就能更

第八章 孩子的生活也需要好好规划

快地做出选择了。如此一来孩子就不需要对所有事情都进行详细的思考，只需要去考虑最重要的事情就足够了。

第二，教孩子学会放弃。

去游乐场还是去郊游，孩子没法舍弃其中之一，是导致前面例子中那个孩子浪费时间的原因。孩子一般都不愿意放弃自己喜欢做的事，尤其是几件事性质差不多的时候，这时我们就要教孩子学会放弃。

提醒孩子，很多事情并不能同时进行，所以肯定要有先后顺序，但只要他有很好的时间安排，那么事情之间就不过是先后的问题而非做不做的问题了。要让孩子学会忍耐，从而愿意把一些事情放在后面，让孩子能够自愿放弃一些当即执行某件事的权利，这其实也是一种延迟满足。

第三，鼓励孩子坚持自己的原则。

有的孩子不能很好地做出决定，与周围的"干扰"有关，他人可能会给孩子各种各样的意见或建议，而孩子觉得每个人说得都对，于是他就在各人的意见中摇摆不定，没了自己的主见。

因此，我们要鼓励孩子坚持自己的原则，只要他觉得这样做合适，那就坚持自己的选择，他人的意见和建议只是作为参考，只有他自己才能替自己做决定。只要他自己考虑清楚，原因合理，他就可以自己做主。

第四，"逼迫"孩子在限定时间内做出决断。

如果孩子一直难以做出决断，我们也不妨下剂"猛药"，给孩子限定时间，让他快速决断，否则就要收回他的决断权，转而听从他人的安排。比如还说之前例子中那个去游乐场还是去郊游的选择，我们完全可以很坚定地告诉孩子："如果你没法在5分钟内做出选择，那么我们就取消这次出游。"然后开始计时，让孩子必须毫不犹豫地做出决定。

我们最好在一些能让孩子印象深刻的事情上选择使用这种"逼迫"的方式，多注意孩子的情绪变化，如果他选择了就按照他的选择去做，如果没有选择那就只能取消，但也要了解他的感受，借此机会让他能意识到果断做出决定的重要性。

第八章 孩子的生活也需要好好规划

来自妈妈的"正向激励"
——让孩子积极行动起来,争取时间

培养时间观念这件事,原本就是一件好事,是对孩子成长、生活、学习有益的事情,所以我们不妨也选择正向激励。相比较于训斥、说教、激将法所带给孩子情绪上的烦躁,正向激励会让孩子认识到有时间观念是一件好事,也是他自己需要重视起来的事情。

所以,我们也不妨采取一些"正向激励"的方法,让孩子能够积极行动起来,学会为自己安排时间、争取时间,以及正确利用时间。

第一,正向鼓励,不说反话。

对孩子正向激励,下面例子中这位妈妈就做得比较好:

某天早上,一直没什么早起规律的孩子忽然起得很早,而且自己主动穿好衣服、洗漱完毕,并且乖乖地吃完了早饭,比以往提前了不少时间,然后和妈妈出门上学去了。

在路上,妈妈夸道:"今天真不错啊,原来我们也能这么快,挺好,你真的能做得这么高效,今天我觉得你表现非常好!值得表扬!"

孩子不好意思地笑了,但同时也很骄傲,他连忙说:"妈妈,明天我还这么有效率,我觉得我以后每天都能做到。"

妈妈点点头:"好啊,我很期待。"

正向鼓励,绕开了孩子之前存在的问题,使他能够感受到被肯定的快乐,同时也意识到怎样的表现才是正确的,是一种非常有效的表达方式。一定不要说反话,因为你越说"我看你就是个蜗牛,能快起来才怪",孩子越会"肯定"自己就是慢,看似是激将,反倒起了反作用。

所以,我们对孩子存在的问题心知肚明就可以了,尽量不要反复去提醒他的问题,多鼓励他,让他意识到自己的潜力,他也会愿意去努力。

第二,抓住机会,及时肯定。

就如前面那位妈妈所做的那样,及时肯定也是正向激励的一种表现方式。当孩子做得好的时候,赶紧肯定他,适当地夸奖他几句,让他因为自己好的表现而感到快乐,这会促使孩子更愿意去好好表现。

而且,对于经常出问题或长久没有因为好的表现而得到肯定的孩子来说,这种及时肯定更能带给他震撼与冲击。

要注意:肯定的时机要抓得好,肯定时的态度也要诚恳,不要夸大孩子的表现，也不要言语太过平淡，只要让孩子心生愉悦，愿意继续努力就好了。

第三，不要监视，表达信任。

有的妈妈生怕孩子快不起来，所以必须一直在他身边看着，这种监视并不能提升孩子的办事效率，反而可能会让他觉得压力巨大，并因为被监视而产生紧张感，从而犯更多的错误，而且这种状态之下孩子更容易烦躁，可能还会和妈妈产生不必要的冲突。

我们要放弃监视，既然前面已经教了孩子那么多利用时间的方法，也给他讲了足够多的道理，那就向他表达出我们的信任，不要再监视他，给他足够的自我独处的空间，让他能安排自己的时间，让他自己去执行这些计划。我们的信任会让孩子放松下来，也很可能让孩子表现得更好。

我们也不要总是询问老师和孩子的同学，尤其是不要总是一副掌控全局的样子，说出孩子在学校里发生的并不想让我们知道的事情，否则我们就会失去孩子的信任。

第四，放弃催促，引导自觉。

我们在给孩子提要求，或者让他注意时间的时候，不要一次性说很多，改为一次只表达一个观点，也不要总是用命令的口吻，多用建议和提醒的方式，这样会让孩子更加专心。

我们也可以换一种方式去提醒孩子。比如，想要让孩子动作快些，就敲敲桌子，指指钟表；想要孩子马上去做某件事，不去提醒孩子，而是通过说其他事情而侧面地表达出来，比如说，"啊，到该准备做饭的时间了"，以此来让孩子意识到他也应该赶紧完成自己手头的事情了；等等。

另外，如果孩子已经在专心做事了，我们最好认可他的能力、认可他的速度，不要在这时去催促他。如果他的速度没问题，那我们就要放轻松，不去过多干涉；如果他的速度的确慢一些，可以等他做完之后再去提醒他。